Geranien und Pelargonien

John Feltwell

Geranien und Pelargonien

Tipps für eine üppige Blütenpracht
Über 100 Arten und Sorten im Porträt

AUGUSTUS

Die Deutsche Bibliothek – CIP-Einheitsaufnahme
Ein Titeldatensatz für diese Publikation ist bei
Der Deutschen Bibliothek erhältlich.

Dieses Buch folgt den Regeln der neuen deutschen Rechtschreibung.

Titel der englischen Originalausgabe: Geraniums & Pelargoniums

Augustus Verlag München 2002

Übersetzung: Birgit Adam, Augsburg
Redaktion: Michael Brandstätter, Eisenberg
Gesamtherstellung und Satz:
Buch & Konzept, Annegret Wehland, München
Umschlaggestaltung: Hartmut Czauderna, München
Umschlagfoto(s): Reinhard Tierfoto
Fotos und Illustrationen: John Feltwell
Satz: Gesetzt aus der Centennial Light 9 p auf 13 p
Reproduktion: Global Colour Separation, Malaysia
Printed in Hongkong

ISBN 3-8043-7217-1

Inhalt

Vorwort

In diesem Buch geht es um Geranien – das sind zum einen echte Geranien, die zur Gattung der Geranien gehören, und zum anderen Pelargonien, die zur Gattung der Pelargonien gehören. Allgemein heißen sie alle Geranien und gehören alle zur selben Familie. Damit dieses Buch leichter verständlich wird, gelten hier jedoch die nachfolgenden Definitionen.

Der lateinische Begriff „Geranium" bezieht sich auf die botanische Gattung Geranium und ist stets kursiv gedruckt. Der deutsche Begriff „Geranie" bezeichnet die Mitglieder der Gattung *Geranium*. Analog heißen Pelargonien auf Deutsch „Pelargonien" oder gehören zur Gattung *Pelargonium*, wenn ihre botanische Bedeutung betont wird. Pelargonien werden in diesem Buch nie als Geranien bezeichnet.

Geranien und Pelargonien gehören zur Familie der *Geraniaceae*. Die Mitglieder dieser Familie sind eng mit den Familien *Tropaeolaceae* (z. B. Kapuzinerkresse), *Oxalidaceae* (z. B. Sauerklee und Bermuda-Hahnenfuß) und *Linaceae* (Flachs) verwandt.

Zur Familie der *Geraniaceae* gehören etwa 750 Arten, die in der ganzen Welt als ein- oder mehrjährige Pflanzen, Kräuter oder Sträucher vorkommen. Meistens sind die Mitglieder dieser Familie in gemäßigten oder subtropischen Breiten zu finden, und zwar auf der nördlichen und auf der südlichen Halbkugel. In der tropischen Vegetation des Äquatorgebietes fehlen die Mitglieder der Geranienfamilie in der Regel jedoch, eine Ausnahme bildet Afrika. Allerdings kommen Pelargonien dort nicht etwa deshalb vor, weil sie das tropische Klima mögen, sondern sie sind dort lediglich auf hohen Bergen und Hochebenen zu finden, wo das Klima viel kühler ist. Pelargonien bevorzugen trockenere Gegenden, da sie häufig Sukkulenten sind, manche Geranien wachsen dagegen auch in der Arktis und Antarktis.

Gemeinsame Kennzeichen aller Familienmitglieder sind gelenkartig verbundene Stängel, die häufig Drüsenhaare haben. Ihre Blätter sind einfach oder gefiedert, manchmal haben sie auch Nebenblätter. Die Blüten sind meistens regelmäßig, manchmal auch unregelmäßig, oft mit Honigdrüsen ausgestattet.

Jedes Blütenteil kommt meistens fünffach vor: Meist sind dies fünf Kelchblätter, fünf Blütenblätter, fünf weibliche Anlagen

Terminologie

Der Begriff „Geranie" wird in diesem Buch nie leichtfertig verwendet. Er bezieht sich immer auf die Gattung *Geranium* und ist dann kursiv gesetzt. Auf Deutsch heißen Mitglieder der Gattung *Geranium* „Geranien". Analog heißen Pelargonien auf Deutsch „Pelargonien" und sind nicht kursiv gesetzt. Sie gehören der Gattung *Pelargonium* an, wenn der Begriff in seiner botanischen Bedeutung verwendet wird. Pelargonien werden in diesem Buch niemals (absichtlich) als Geranien bezeichnet. Grundlage dieser Definitionen sind meine Kenntnisse als Wissenschaftler und Botaniker.

G. phaeum
Links *Der Dunkle Storchschnabel, eine typische Geranienart, wächst aufrecht und hat eine Fülle von feinen Härchen, die Schädlinge abhalten.*

P. 'Radula' ***AGM***
Oben *Diese typische Duftpelargonie besitzt große und kleine Blütenblätter, ihre oberen Blütenblätter sind von dunklen Adern durchzogen. Dies ist für viele Hybriden und Zuchtformen der Pelargonie typisch.*

(Fruchtknoten) und fünf männliche Anlagen (Staubblätter) in zwei oder drei Kreisen. Dies ist das Grundmuster der Blüte, doch unterscheiden sich die zwei Gattungen erheblich. Beide Gattungen haben fünf Blütenblätter und zehn Staubblätter. Bei Pelargonien kann sich die Zahl der Blütenblätter auf vier oder zwei verringern, doch sind die oberen Blütenblätter meist größer als die unteren. Die Blüten der Angel-Pelargonie sehen denen der Veilchen oder Stiefmütterchen nur zufällig ähnlich; zwischen den Familien *Geraniaceae* und *Violaceae* besteht keine Verbindung.

In der Familie der *Geraniaceae* gibt es elf Gattungen. Davon werden zwei – Pelargonien und Geranien – in diesem Buch behandelt. Diese beiden gehören zu einer von vier Unterfamilien, den *Geranioideae*. Die anderen Unterfamilien heißen *Erodium*, *Monsonia* und *Sarcocaulon*.

Gemeinsamkeiten und Unterschiede

Zwischen Geranien und Pelargonien bestehen große Unterschiede. Neben den botanischen Unterschieden sind „Geranien" in Australien und den USA eigentlich Zonalpelargonien und Edel-Pelargonien werden „Pelargonien" genannt.

Pelargonien haben dicke, sukkulentenartige Stängel, sind meistens frostempfindlich und sterben ab, wenn man sie im Winter nicht ins Haus holt. Geranien haben zierlichere Stängel und sind meistens winterhart. Oft sterben sie im Winter bis auf Bodenhöhe ab, doch kommen sie im Frühjahr wieder. Beide Gattungen kann man aus Samen ziehen, doch viele Pelargonien werden auch über Ableger vermehrt. Geranien werden ausschließlich aus Samen gezogen, viele von ihnen sind mehrjährig.

Nur wenige Geranien gedeihen im Haus – Pelargonien geben jedoch gute Zimmerpflanzen ab. Pelargonien haben einen auffälligen, stechenden Geruch, wogegen die meisten Geranien nicht duften.

Pelargonien faszinieren die Züchter schon seit über 200 Jahren, mehrere Tausend Zuchtformen sind bereits entstanden. Geranien dagegen beschränken sich größtenteils auf ihre Arten, hier gibt es nicht so viele Hybriden.

Aufgrund der Verwandtschaft der beiden Gattungen bestehen auch viele Gemeinsamkeiten. Geranien und Pelargonien werden auch deshalb so gerne verwechselt, weil sich die Gattungen bei den einmal eingeführten Definitionen immer überschneiden.

Der Botanische Garten von Montpellier, Hérault, Südfrankreich

Unten *Hier wurden viele „Geranien“ (Pelargonien) gezüchtet und untersucht. Augustin-Pyramus de Candolle (Leiter im Jahre 1808) gab den Sektionen Myrrhidium und Peristera seinen Namen. Im Jardin des Plantes lassen sich Pelargonien noch immer sehr gut studieren, denn in mediterranem Klima mit langen heißen Sommern gedeihen sie besonders gut.*

Es gibt Geranien, die genauso aussehen wie Pelargonien, mit ihren typischen weichen filzigen Stängeln und großen Rundblättern. Man nennt sie „Geranium potentilloides" – mit anderen Worten Pelargonien, die sich als Geranien ausgeben. Diese Pflanze wächst im Gewächshaus in den Kew Gardens in London und stammt ursprünglich aus Südaustralien, ist aber auch im übrigen gemäßigten Australien, in Neuseeland und Tasmanien zu finden.

Wie sehr sich das Spektrum der Geranien und Pelargonien auch aufteilt und wie viele Albinos, Formen, Varietäten und Hybriden der Mensch auch selektiert hat: Die Welt der „Geranien" ist so groß, dass ein jeder Gärtner sein persönliches Schmuckstück und Lieblingsgebiet finden kann. Ich bin mir sicher, dass diese Seiten für alle Leser eine Fülle von nützlichen Informationen liefern, so dass sie Ihrer Leidenschaft neue Aspekte und Freuden abgewinnen können.

Geranien und Pelargonien haben ähnliche Blütenfarben, besonders Rosa-, Rot- und Weißtöne. Die Wuchsform der beiden Pflanzen weist ebenfalls Ähnlichkeiten auf. Aufgrund ihrer schönen buschigen Gestalt sind viele Pelargonien und Geranien bei Gärtnern auf der ganzen Welt so beliebt. Geranien sind eine sehr gute Bodenbedeckung, während sich Pelargonien perfekt für Beete, Pflanzgefäße oder sogar für bunte Teppichbeete eignen.

Erodium pelargoniiflorum
Oben *Die Familienähnlichkeit ist auffällig:* Erodium pelargoniiflorum *verdankt ihren Namen ihren pelargonienähnlichen Blüten. Die Blüten besitzen wie so viele Pelargonien – darunter auch die zarten und hübschen Angel-Pelargonien und die großartigen Edel-Pelargonien – das typische dunkle Muster auf den oberen Blütenblättern. Diese Art stammt aus Asien, könnte jedoch leicht als Pelargonie durchgehen.*

Geranien

Die winterharten mehrjährigen Geranien gehören zu den schönsten und faszinierendsten Wildgeranien, die im Garten wachsen. Auf der Grundlage einer großen Zahl dieser Wildgeranien aus rauen Bergregionen gibt es jetzt auch viele Zuchtformen und Hybriden. Sie wurden von Pflanzenexperten ausgewählt und sollten den Anforderungen der meisten Gärtner gerecht werden. Besonders ihre zarten Blütenblätter und die erstaunliche Farbenvielfalt, in der sie erhältlich sind, lassen viele Pflanzenfreunde ins Schwärmen geraten.

G. sylvaticum
Oben *Der Waldstorchschnabel ist ein verträglicher Pflanzenpartner. Hier wächst er mit einem Zierlauch in einem Beet. Er liebt gedämpftes Licht und gedeiht deshalb gut in Obstgärten und am Wald- oder Heckenrand.*

G. oxonianum
Links *Zu dieser Gruppe gehören eine Vielzahl von Varietäten, die sich wunderbar für Rabatten und schattige Plätze eignen.*

Einführung

Das Spektrum der Wildgeranien, die man in den Gärten vorfindet, reicht von den bekannten und beliebten Arten bis hin zu den Storchschnäbeln, die nur Experten kennen. Sie alle sind sehr anpassungsfähig, so dass sie sich in Steingärten, Rabatten und Wildblumengärten wohl fühlen.

Trotz den bereits erwähnten Ähnlichkeiten und Unterschieden haben alle Wildgeranien ein gemeinsames Merkmal: eine lange, spitze Frucht, die wie der Schnabel eines Storches oder Kranichs aussieht. Auf Griechisch heißt der Kranich „geranos" und davon stammt das Wort „Geranie". Sie unterscheiden sich auch durch ihre Blätter von den Pelargonien. Meistens bestehen sie aus fünf Teilen, jeder davon stark eingekerbt. Dies macht das Geranienblatt praktisch unverwechselbar und ist ein gutes Erkennungszeichen.

Falls in Bezug auf den Begriff „Geranie" noch Unklarheiten bestehen, werden in diesem Teil des Buches alle Arten und Zuchtformen, die zur Gattung *Geranium* gehören, als Wildgeranien bezeichnet. In diesem Teil geht es daher nicht um Pflanzen, die im Volksmund „Geranie" genannt werden (und zur Gattung *Pelargonium* gehören), sondern um Pflanzen, die man botanisch korrekt „echte Geranien" nennt.

Es gibt etwa 400 benannte Wildgeranien und man bezeichnet sie mit dem Gattungsnamen *Geranium*. Wildgeranien sind auf den meisten Kontinenten zu finden, doch wie Pelargonien kommen auch sie nicht in subtropischen und tropischen Regionen vor. Viele robuste Arten wachsen in Gebirgsregionen, häufig auf kargem steinigem Boden und in Schluchten. Andere gedeihen dagegen auf saftigen Bergwiesen, in Mooren, lichten Wäldern oder an Waldrändern. Geranien gedeihen sowohl im Hoch- und Tiefland, viele haben sich auch als wild wachsende Pflanzen auf anderen Kontinenten angesiedelt.

Wildgeranien verstehen es sehr gut den Boden zu nutzen und vermehren sich dann durch Samen, die sie aus dem „Storchenschnabel" herausschleudern, so dass sie der Wind verstreuen kann. Sie passen sich den örtlichen Gegebenheiten an und können sich sehr gut auf frischem, offenem Boden ausbreiten. Diese Eigenschaft machen sie sich auch im Garten zu Nutze: Sie werden dort leicht sehr dominant und müssen in Schach gehalten werden. Je nach Art oder Zuchtform sind Wildgeranien entweder einjährige oder mehrjährig Pflanzen, ganz selten auch Sträucher.

Die meisten Wildgeranien sind winterhart und mehrjährig und leisten einen wichtigen Beitrag zu einer längerfristigen Gartengestaltung. Ältere Exemplare sind im Garten aufgrund ihrer hübschen Form nützlich. Sie lassen sich in zwei Gruppen einteilen: Geranien, die in einer runden Hügelform wachsen, und Geranien, die hoch wachsen, manchmal mit einer offenen Blattrosette am Ansatz. Beide Gruppen gehören zu den elementaren Gestaltungselementen vieler Gartenarchitekten.

G. x *oxonianum* 'Old Rose'
Oben links *Diese Zuchtform ist kleiner als andere Zuchtformen und hat sehr unterschiedliche rötliche bis purpurrote Blüten, die mit der Zeit dunkler werden. Ein anderes typisches Merkmal ist die starke Zeichnung der Blütenblätter.*

G. x *oxonianium* 'Thurstonianum'
Oben *Charakteristisch für diese Zuchtform sind ihre schmalen Blütenblätter. All diese Pflanzen sind Klone der 'Claridge Druce', sie sind groß und kräftig und haben viele rötlich-purpurrote Blüten.*

G. himalayense
Oben *Dies ist eine Zuchtform von* G. himalayense *mit sehr auffälligen blauen Blütenblättern – sie ist ein bewährter Blickfang in Blumenrabatten, wo sie mit ihren Fiederblättern kleine Pflanzenhügel bildet. Sie blüht von der Frühjahrsmitte bis in den Spätsommer und wird durch Teilung vermehrt.*

G. endressii
Links *Diese Art ist weit verbreitet und wegen ihrer ausdauernden rosa Blüten und dichtem niederem Wuchs sehr beliebt. Ihr Name stammt vom deutschen Botaniker P. A. C. Endress. Sie fühlt sich in sonnigen Rabatten wohl, gedeiht aber auch auf Waldlichtungen und in Wildblumengärten.*

Einige Arten sind in ihrer natürlichen Umgebung vorherrschend, so dass sie typisch für diese Regionen geworden sind. Zum Beispiel ist der Blutige Storchschnabel kennzeichnend für Yorkshire, Derbyshire und County Clare in Westirland. In diesen Gegenden wächst die Pflanze auf Kalkgestein und gedeiht in wasserreichen, aber schnell trocknenden Spalten und Rissen. Das heißt aber nicht, dass der Blutige Storchschnabel nur auf Kalk wächst, er gedeiht vielmehr unter den unterschiedlichsten Bedingungen. Auf Madeira steht der riesige Madeira-Storchschnabel am Straßenrand. Die Pflanzen breiten sich von den steilen vulkanischen Abhängen überall dorthin aus, wo sie im unebenen Boden denselben steinigen Lebensraum finden.

Aus diesen Gründen lassen sich Wildgeranien relativ leicht im Garten anbauen. Sie können sowohl nährstoffreichen Gartenboden nutzen, gedeihen aber auch in einem trockenen Hinterhof in der Stadt gut. Wer seine ersten Erfahrungen mit Wildgeranien machen will, hat den Vorteil, dass die meisten Züchtungen und Arten sehr widerstandsfähig gegenüber Schädlingen und Krankheiten sind. Sie sind somit ideale Anfängerpflanzen.

Als einer der Ersten sammelte Carl von Linné systematisch Geranien in der freien Natur und nannte sie auch Geranien. Die meisten waren jedoch eigentlich Pelargonien, doch hießen sie damals alle Geranien.

Einfache Arten und Zuchtformen

Die folgenden Geranien lassen sich sehr leicht im Garten kultivieren.

G. cinereum 'Ballerina'	*G. collinum*	*G. pratense*
G. cinereum 'Lawrence Flatman'	*G. endressii*	*G. procurrens*
G. clarkei x *collinum* 'Kashmir Purple'	*G. himalayense*	*G. psilostemon*
G. clarkei x *collinum* 'Kashmir White'	*G. 'Johnsons Blue'*	*G. sanguineum*
	G. macrorrhizum	*G. sanguineum* 'Nigricans'
	G. x *magnificum*	*G. sylvaticum*
	G. nodosum	*G. versicolor*
	G. x *oxonianum*	*G. wlassovianum*
	G. palustre	
	G. phaeum	

Linnés Arbeit wird in diesem Buch im Kapitel über Pelargonien vorgestellt.

Linnés Sammlung von Wildgeranien ist deshalb so faszinierend, weil einige Blütenfarben der Exemplare aus seinem Herbarium auch nach 250 Jahren noch sichtbar sind. Die rosa Blüten der *G. pyrenaicum* sind erstaunlich gut erhalten und die Blüten des Blutigen Storchschnabels sind nur zu einem Braunton verblasst. Da sie die meiste Zeit im Dunklen lagern, ist es gut möglich, dass sich diese Blütenfarben noch ein paar Jahrhunderte halten.

Mehr als 100 Jahre später schrieb Robert Sweet – später ein Mitglied der Linné-Gesellschaft, die Linnés Pflanzen beherbergte – ein mittlerweile klassisches Werk über die „natürliche Ordnung" der Geranienfamilie. Seine Bücher erschienen zwischen 1824 und 1826 und sind mit vorzüglichen Farbbildern von Pelargonien und Geranien ausgestattet. Sie wirken auch nach 160 Jahren noch lebendig und ihre Farben sind besser, als die so mancher Gartenbücher von heute. All seine Wildgeranien haben neben ihren lateinischen Namen auch englische Namen, die zumeist direkte, manchmal sogar offensichtliche Übersetzungen aus dem Lateinischen sind. Viele englische Namen sind heute jedoch verloren. Auf der Liste im Kasten oben sind die Arten verzeichnet, die er kannte und die es auch heute noch gibt.

Das Gärtnern mit Geranien bringt viele Vorteile. Im Garten passen sie am besten in Blumenrabatten oder in Naturgärten. Ob in einer Wiesenmischung, als Randbepflanzung an einem Waldweg oder in einem Obstgarten, ob in der prallen Sonne oder im Schatten –

G. pratense

Links *Hier wächst der Wiesenstorchschnabel mit dem Frauenmantel* (Alchemilla mollis) *vorne in einer Blumenrabatte. Von dieser Partnerschaft profitiert besonders der Storchschnabel.*

G. pratense
Links *Diese Herbariumpflanze wurde in der Mitte des 18. Jahrhunderts gesammelt und gehörte zur Sammlung von Carl von Linné. Linné, ein schwedischer Botaniker, gab Pflanzen und Tieren ihre allgemein gültigen lateinischen Namen. An dieser Pflanze sind nach 250 Jahren immer noch die Farben der Blütenblätter zu sehen, wenn auch etwas verblasst. Dies liegt hauptsächlich daran, dass die Herbariumpflanze bei konstanter kühler Temperatur im Dunklen verwahrt wird. Der fünffingrige Blattaufbau ist typisch für Geranien.*

sie gewöhnen sich wirklich überall ein. *Geranium endressii* eignet sich hervorragend als Bodendeckung und gedeiht gut im Schatten. Kleine Wildgeranien können Sie sehr gut in Spalten in Terrassen oder Mauern einsetzen. Dort gedeihen sie im warmen Klima am besten. In der Natur schlagen sich viele Geranien lieber auf einer senkrechten Fläche als auf steinigem ebenem Boden durch, da dort das Wasser besser abzieht und die Pflanze mehr Wärme erhält. Nur wenige Gärtner versuchen, den natürlichen Lebensraum der Wildgeranien nachzubilden, dabei gibt es doch so viele ausgefallene Standorte für Experimente. Der große Vorteil von Wildgeranien ist, dass sie sowohl in Steingärten, Gebirgsgärten, Beeten, Rabatten und auch an naturbelassenen Standorten gedeihen.

WILDGERANIEN

Von Robert Sweet um 1820 benannt (eigene Einteilung)

Erodium incarnatum (syn G. incarnatum) Fleischfarbener Reiherschnabel
Geranium anemonefolium Anemonenblättriger Storchschnabel
Geranium argenteum Silberblättriger Storchschnabel
Geranium ibericum Iberischer Storchschnabel
Geranium lividum Runzelblättriger Storchschnabel
Geranium macrorrhizum Langwurzelnder Storchschnabel
Geranium multifolium Vielblättriger Storchschnabel
Geranium nepalense Nepalesischer Strochschnabel
Geranium palustre Sumpfstorchschnabel
Geranium Vlassovianum Vlassofs Storchschnabel
Geranium wallichianum Wallichs Storchschnabel
Pelargonium bicolor (syn. G. bicolor) Zweifarbiger Reiherschnabel

Geranien international

Nordamerika stützt sich zum größten Teil auf Arten, die aus Europa oder Asien eingeführt wurden. Arten wie *G. dalmaticum, G. endressii, G. macrorrhizum, G. phaeum, G. pratense* und *G. sanguineum* sind Gärtnern auf beiden Seiten des Atlantiks bekannt. Einige Varietäten der Dunklen Geranie sind in Nordamerika erhältlich, aber offensichtlich nicht in Europa; darunter zählen unter anderem *G. p.* 'Chocolate Chip' und *G. p.* 'Langthorn's Blue'; die Arten *G. p.* 'Calligrapher', 'Mourning Widow' und 'Samobor' gibt es dagegen auf beiden Seiten des Atlantiks.

Storchschnäbel passen hervorragend in die Blumenrabatten Neuenglands, wo ein ähnliches Klima wie in England herrscht. An der Westküste Amerikas sind Storchschnäbel ebenfalls in Rabatten zu finden, doch in den heißen Gegenden des Südwestens wachsen sie nur selten erfolgreich. Unter den richtigen Bedingungen holt das mediterrane Klima der Westküste das Beste aus diesen Pflanzen heraus. Geranien fühlen sich unter Bäumen wohl, deshalb gedeihen sie oft in belaubten Gärten.

In den Südstaaten wie zum Beispiel Mississippi oder Alabama tauchen Storchschnäbel nur selten in Büchern über mehrjährige Pflanzen auf, da importierte Arten und Zuchtformen das heiße feuchte Klima nicht vertragen. In Naturgärten wächst jedoch die einheimische nordamerikanische *G. maculatum* oder Wildgeranie auf steinigem Boden und in Geröllbeeten, denn diese bilden ihren natürlichen Lebensraum nach. Verwechseln Sie die Wildgeranie bitte nicht mit der *Saxifraga stolonifera*, auch Erdbeergeranie genannt.

An der Westküste der USA herrschen gute Wachstumsbedingungen für die meisten Wildgeranien. Viele erwachsene Pflanzen vertragen Temperaturen bis zu -10°C, manchmal sogar noch kälter. Eine Ausnahme bilden die großen westatlantischen Geranien wie *G. canariense, G. maderense* und *G. palmatum* und viele südafrikanische Storchschnäbel wie *G. incanum*.

G. incanum ist eine Kriechgeranie mit fein unterteilten Blättern, die sich auch als Bodendeckung eignet. Sie hat dunkelrote bis rosa Blüten, ist jedoch frostempfindlich und kann deshalb nur in warmen Gegenden angepflanzt werden. *G. traversii* ist eine frostempfindliche Wildgeranie, deren Untergrenze bei etwa -6,6 bis 3,8°C liegt.

Im pazifischen Nordwesten und den Küstengebieten Kaliforniens gedeihen drei Storchschnäbel besonders gut: die attraktive *G. wallichianum* 'Buxtons

Variety', die lange blüht, die beliebte *G.* 'Johnsons Blue' und *G.* x *magnificum*, deren ungewöhnliche Blätter im Herbst rot leuchten.

Dunkelrote Pflanzen mit schwarzem Auge eignen sich besonders gut für Rabatten. Am höchsten – nämlich über 1 m – wird *G. psilostemon*. Man kann sie mit vielen anderen Pflanzen kombinieren, wie zum Beispiel Fingerhut (*Digitalis* sp.), Scheingeißbart (*Astilbe* sp.) oder Geißbart (*Aruncus* sp.). Die jungen gelben Blätter der rot- und schwarzäugigen *G.* 'Ann Folkard' sind einfach wunderschön. *G. cinereum* var. *subcaulescens* wächst näher am Boden und eignet sich daher ideal für den Vordergrund von Rabatten oder für Steingärten. Auch als Randbepflanzung für Wege ist sie ideal; Sie können sie dort zwischen verschiedene andere Pflanzen setzen, z. B. zu weißblättrigem Salbei oder Schleifenblumen (*Iberis* sp.) oder Schwertlilien. Nehmen Sie *G. cinereum* 'Ballerina' oder *G. cinereum* 'Lawrence Flatman', wenn Sie lieber hellere Blütenfarben wollen.

Storchschnäbel in Australien

Die Evolution und die natürliche Auslese haben vor allem Storchschnäbel aus der Türkei oder China begünstigt, doch auch in Australien und Neuseeland gibt es einige einheimische Storchschnäbel. Viele Storchschnabelarten wurden jedoch aus Europa eingeführt. Die Siedler legten nach englischem Vorbild Gärten mit europäischen Pflanzen an, sehr wahrscheinlich fand im Laufe der Zeit einer reger Handel mit Wildgeranien statt. So gut wie alle aus englischen Gärten bekannten Geranien wachsen auch in Australien, zumindest im wärmeren Tiefland und besonders im mediterranen Klima der Südküste. In der Wüste gibt es dagegen keine Geranien.

Nur wenige australische Arten haben in anderen Teilen der Welt Einzug in die Gärten gefunden, doch *G. sessiliflorum* subsp. *novae-zelandiae* hat es geschafft. Sie ist auf der Nord- und Südinsel Neuseelands beheimatet, es gibt sie mit zwei unterschiedlichen Blattfarben, grün und dunkelocker (*G.* subsp. *n.* 'Nigricans'). Noch zwei weitere Unterarten, die südamerikanische *sessiliflorum* und *brevicaule*, kommen in Tasmanien und dem südöstlichen Hochland von Australien vor. *G. sessiliflorum* wird etwa 7 cm hoch. Winzige weiße Blütenkissen wachsen über einer Rosette kleiner grüner Rundblätter.

Storchschnäbel der gemässigten Klimazonen

Wie winterhart der einzelne Storchschnabel ist, wurde noch nicht genau festgestellt. Hinsichtlich der Frostunempfindlichkeit gehen die Meinungen auseinander. Zwei Faktoren müssen dabei berücksichtigt werden: Zuerst einmal die Lage Ihres Gartens – ob er windgeschützt liegt oder an exponierter Stelle – und dann sind Jungpflanzen auch empfindlicher als erwachsene Pflanzen. Die meisten Storchschnäbel sind winterhart und mehrjährig, viele überleben im Winter im Boden.

Art oder Zuchtform

G. 'Ann Folkard'
G. bohemicum
G. x *cantabrigiense*
G. cinereum var. *subcaulenses*
G. clarkei
G. columbinum
G. dalmaticum
G. dissectum
G. divaricatum
G. endressii
G. himalayense
G. 'Johnsons Blue'
G. lucidum
G. macrorrhizum
G. magnificum
G. molle
G. palustre
G. phaeum
G. pratense
G. psilostemon
G. purpureum
G. pusillum
G. pyrenaicum
G. robertianum
G. rotundifolium
G. sanguineum
G. sylvaticum
G. wallichianum 'Buxtons Variety'

***G. macrorrhizum* 'Variegatum'**
Gegenüber *Die Blattränder dieses „Evergreens“ sind beige gefärbt. Die hohe Pflanze bringt Abwechslung in eine Blumenrabatte.*

***G.* x *wallichianum* 'Buxtons Variety'**
Oben *Diese Hybride ist eine der auffälligsten mehrjährigen Wildgeranien und hat ein hübsches helles Auge im äußeren blauen Ring.*

Blüten

Geranienblüten können winzig klein sein oder bis zu 2,5 cm Durchmesser haben. Es gibt sie in vielen verschiedenen Farben von Blau bis Rötlichviolett. Wegen ihrer wunderschönen Blüten spielen Geranien eine wichtige Rolle in der Blütenfolge von Blumenrabatten.

Die Blüten der Wildgeranien sind regelmäßig, denn sie haben alle fünf Blütenblätter und fünf Kelchblätter. Die Farbe der Blütenblätter geht von Weiß über Rosa, Purpurrot bis Blau und normalerweise ist jedes Blütenblatt am Ende abgerundet. Häufig ist die Blüte tellerförmig, sie kann jedoch auch sternförmig sein. Die Blütenblätter sind flach oder auch hoch gebogen. Am Grund jedes Blütenblattes befindet sich eine Honigdrüse, die Nektar produziert. Deshalb lieben Bienen und Hummeln Wildgeranien und werden sich schon bald in Scharen einfinden.

Eine Geranienblüte hat immer fünf Kelchblätter, die normalerweise grün und behaart sind. Zuerst schließen sie die Knospe ein und schützen sie, bevor sich die Blütenblätter öffnen, doch wenn sich die Frucht entwickelt, vergrößern sie sich, ändern ihre Farbe und schützen den Ansatz der großen entstehenden Frucht.

Die Fortpflanzungsorgane bestehen aus weiblichen und männlichen Teilen, die bei jeder Blüte zu finden sind. Die Blüte hat zehn mehr oder weniger lange Staubblätter oder männliche Teile, die zusammen mit ihren Staubbeuteln in einem Kreis in der Blütenmitte stehen. Die Staubbeutel haben die Aufgabe, Blütenstaub zu produzieren. Die weiblichen Organe bestehen aus Narbe, Griffel und den Fruchtknoten, die in den Staubblättern liegen. Die Narbe empfängt den Blütenstaub am Griffel, der dann die Samenanlage im Fruchtknoten befruchtet.

Die einzelne Blüte wächst an einem langen Stiel, manchmal in Büscheln, so wie Geranien auch in ihrer natürlichen Umgebung wachsen. Viele leben im langen Wiesengras und müssen sich gegen andere hoch gewachsene Arten behaupten, damit ihre nickenden Blüten oder Blütenbüschel ans Sonnenlicht gelangen.

G. x oxonianum
Links *Die Blütenblätter dieser beiden* G. *x* oxonianum-*Unterarten sind sehr verschieden. Trotzdem passen sie gut zusammen in einer sonnigen Kräuterrabatte.*

***G.* 'Dilys'**
Links *Diese Hybride ist eine Kreuzung zwischen dem Blutigen Storchschnabel und* G. procurrens *und wurde nach Dilys Davies von der „United Kingdom's Hardy Plant Society" benannt. Die Hügelpflanze wird bis zu 23 cm hoch und im Durchmesser 90 cm breit.*

***G.* 'Sue Crüg'**
Oben *Eine Züchtung, die durch ihre kräftigen purpurroten Blütenblätter mit einer charakteristischen Trichterform besticht. Die Blütenblätter sind von kräftigen Adern durchzogen, die Blätter stark gefiedert.*

***G. himalayense* 'Plenum'**
Rechts *Der lateinische Name 'Plenum' dieser Zuchtform bedeutet „gefüllt". Mit ihrem attraktiven Blauton verschönert sie jede Rabatte. Wie die vielen verwandten Zuchtformen des Wiesenstorchschnabels gedeiht sie gut in sonnigen Lagen.*

In Blumenrabatten gefallen sie als mittelgroße Pflanzen. Andere Arten wachsen mehr in die Breite und ihre Blüten sitzen auf kurzen Blütenstielen an langen Stängeln, die den Boden bedecken. Sie eignen sich besonders gut für Steingärten. Durch Züchtung entstanden auch einige Wildgeranien mit gefüllten Blüten, darunter *G.* 'Southcombe Double'.

Viele Wildgeranienarten, die nur selten im Garten angepflanzt werden – außer in Bauern- oder Naturgärten –, haben verglichen mit der Länge der Stängel und ihrem Blattwuchs nur winzige Blüten, wie z. B. *G. robertianum, G. dissectum* oder *G. pyrenaicum.* Zu den Zuchtformen mit winzigen Blüten gehört *G.* 'Nimbus'. Sie hat eine der leuchtendsten dunkelroten Blüten aller Wildgeranien überhaupt und bringt kräftige Farben an Schattenplätze.

Die Blütenfarbe der Geranien ist eher konservativ und hat sich vor allem im Bereich Rosa und Purpurrot entwickelt, doch gibt es auch eine schöne Auswahl an Blautönen *(G. 'Buxtons Blue', G. wallichianum).* Natürlich gibt es auch Albinos in verschiedener Arten, die durch gezielte Züchtung noch weiter vermehrt wurden *(G. sanguineum* 'Album'). Einige Arten sind von Natur aus weiß *(G. albiflorum).* Bei der Züchtung wird die Tendenz der Blütenblätter, ein schwaches Geflecht auf dem Blütenblatt zu bilden, angestrebt, wie z. B. bei 'Lace Time'. Zum anderen soll der Grund der Blütenblätter dunkel gefärbt sein, so dass ein dunkles Auge in der Mitte einer jeden Blüte entsteht, wie bei den Hybriden *G.* 'Ann Folkard', *G.* 'Patricia' oder *G. kurrodo.* Bei der Art *G. cinereum* 'Ballerina' sind beide Eigenschaften – ausgeprägte Adern und ein dunkles Auge – vorhanden.

Nach der Bestäubung der Pflanze fallen die Blütenblätter ab, da sie nun keine Insekten mehr anlocken müssen. Der Fruchtknoten jeder Blüte hat zehn Fächer, die jeweils zwei Samenanlagen enthalten. Nach der Befruchtung entwickeln sich die Samenanlagen zu Samen und die restliche Blüte, auch die Fortpflanzungsorgane, entwickelt sich zur Frucht. Der Fruchtknoten reift zu einer langen und spitzen Frucht. Wenn die trockene Frucht bereit ist, ihre Samen auszustreuen, verdreht sie sich und schleudert die Samen heraus. Sie können diese Samen sammeln und entweder gleich oder erst im nächsten Frühjahr aussäen – im Freiland oder unter Glas.

***G. cinereum* 'Ballerina'**
Oben *Eine attraktive und beliebte Hybride, die aus der Kreuzung von zwei Unterarten entstand –* cinereum *und* subcaulescens. *Die purpurroten Blütenblätter mit dunklen Adern betonen die dunkle Blütenmitte.*

G. pusillum
Rechts *Die Blüten dieser einjährigen Art sind klein und passen gut zum Laub, dessen Blätter fein gefiedert sind. Selbst unkrautartige Arten wie diese sehen schön aus und können als Kuriosum in einem Naturgarten angepflanzt werden.* G. pusillum *stammt aus Europa und Asien.*

G. pyrenaicum
Links *Klein, aber fein sind die weißen oder rosa Blüten dieser Art. Sie beleben Waldränder und Hecken und wachsen gerne im Halbschatten.*

***G.* x *riverslianum* 'Russell Prichard'**
Links *Die leuchtenden Blüten dieser Hybride sehen immer schön aus. Sie blühen besonders lange.*

G. sanguineum* var. *striatum
Oben *Die Blütenblätter wirken hier etwas verknittert und werden von dünnen purpurroten Adern durchzogen.*

G. koreanum
Links *Wie ihr Name andeutet, stammt diese Geranienart aus Korea. Ihre Blütenblätter stehen in großen Abständen um die Blütenteile.*

Blätter

Wildgeranien setzen mit ihrem attraktiven Laub interessante Akzente in jeden Garten. Besonders im Herbst gefallen sie mit ihrer feurigen Blattfärbung.

Die Schönheit der Wildgeranien beruht größtenteils auf ihren Blättern. Als winterharte mehrjährige Pflanzen blühen sie lange Zeit des Jahres nicht, so dass man dann nur ihre schönen und vielgestaltigen Blätter betrachten kann.

In freier Natur nehmen Geranien viel Raum ein und sichern sich dadurch mit ihren großen Blättern so viele Nährstoffe und Wasser gegenüber anderen Pflanzen.

Wenn Wildgeranien blühen, sehen ihre Laubhügel sehr schön aus, wie z. B. die silbrigen Blätter der *G. psilostemon* oder die gelben Blätter der *G.* 'Ann Folkard'.

Andere, schon fast immergrüne Geranien sind: G. *macrorrhizum, G.* x *oxonianum, G. phaeum, G.* x *monacense, G. reflexum, G. pulchrum, G. pyrenaicum, G. robustum, G. versicolor, G. traversii* und Hybriden.

Die Blätter sind gewöhnlich rundlich, doch geht dieses Aussehen häufig durch Teilungen und Unterteilungen verloren. Die Geraniennamen verdeutlichen diese Blattunterteilungen, wie z. B. bei der Segmentierten Geranie oder *G. dissectum*. Ein seltenes Beispiel für ein einfaches Rundblatt, fast wie das einer Pelargonie, ist *G. potentilloides*. Die meisten Blätter sind in fünf Teile unterteilt, der größte vorne in der Mitte, ein Paar vorne an der Seite und ein kleineres Paar hinten. Dies sieht man bei der *G. canariense* oder – etwas runder – bei der *G. oxonianum* var. *thurstonianum*. An *G. dissectum* zeigt sich, welches Extrem eine Blattunterteilung erreichen kann. Deutliche Rundblätter hat die *G. pyrenaicum* oder die rundblättrige *G. rotundifolium*, doch sind die fünf Teile des Blattes immer noch klar zu erkennen.

Spitze Blätter kommen häufig vor, eine Extremform ist hier die *G. clarkei*. Auch die *G.* 'Ann Folkard' hat spitze Blätter. Die Blattspitzen der *G. dalmaticum* und *G. wallichianum* 'Buxtons Blue' sind viel stumpfer.

Eine praktische Methode zur Klassifizierung der natürlichen Ordnung der Wildgeranien ist, sie in drei Gruppen einzuteilen: kleinblättrige, mittelblättrige und großblättrige Pflanzen. Beispiele für jede Gruppen sind *G. renardii, G. nodosum* und *G. pratense*.

Die Blätter sind häufig dunkelgrün. Innerhalb der Gattung variiert die Farbe kaum und die Blätter sind nur selten gescheckt, wie z. B. die 'Variegatum'-Formen *G. macrorrhizum* und *G. phaeum*. Bläuliche oder grau-bläuliche Blätter findet man bei *G. harveyi*, silbrige Blätter bei *G. argenteum* und dunkle Blätter bei *G. esclliflorum* und *G. sessiliflorum* 'Nigricans'.

G. 'Salome'
Links *Das Laub dieser Hybride aus der* G. lambertii *und* G. procurrens *ist gelb – sehr selten bei Geranien.*

G. *canariense*
Unten *Die Blätter der hübschen duftenden mehrjährigen Pflanze werden bis zu 25 cm breit, ihr Blattgrund ist fleischig.*

G. sessiliflorum 'Nigricans'
Oben *Dunkles Laub bildet einen Kontrast zu den kleinen weißen Blüten, die diese bodennahe Pflanze bedecken. Reservieren Sie ihr einen besonderen Platz.*

G. pyrenaicum
Links *Die runde Blattform mit Einkerbungen ist bei dieser Art sehr auffallend und verleiht der Pflanze eine individuelle Form.*

G. purpureum
Oben *Die kräftigen Blätter sind hier in fünf Lappen unterteilt, die an den Spitzen zusätzlich gelappt sind.*

Geranien im Garten

Geranien lassen sich ausgezeichnet mit anderen Pflanzenarten kombinieren. Eine gut durchdachte Bepflanzung kann wunderschöne Farbmuster in Ihrem Garten zaubern.

Wenn Sie Wildgeranien für Rabatten auswählen, haben Sie die Qual der Wahl. Mit der natürlichen Hügel- und Kugelform können Sie offenen Boden bedecken (generell sollten Sie diesen jedoch vermeiden) und Unkraut unterdrücken. Wildgeranien müssen allerdings im Auge behalten werden, damit sie nicht andere Pflanzen überwuchern.

Es wird Sie vielleicht überraschen, dass nur relativ wenige Wildgeranienarten im Garten angepflanzt werden. Weniger als zwei Prozent, um genau zu sein. Die Gärtner wollen offensichtlich an bewährten Pflanzen festhalten. Ihre Blumenrabatte können Sie aber durchaus etwas gewagter gestalten.

Sechs Arten bilden den so genannten Kern, der vor allem in Rabatten meistens verwendet wird: *G.* x *magnificum*, *G. endressii*, *G. versicolor*, *G. macrorrhizum*, *G. sanguineum* und *G. himalayense*. Von diesen Arten gibt es auch viele Hybriden.

Viele Wildgeranien gedeihen sehr gut im Vordergrund einer typischen Blumenrabatte, die in der prallen Sonne liegt, wie z.B. der Blutige Storchschnabel *G. sanguineum* oder seine Varietät *G. s. lancastrense*. *G. sanguineum* ist im Garten einfach herrlich, denn richtig angepflanzt wird sie genau so groß und üppig wie in der freien Natur. Jedenfalls sticht das Rot des Blutigen Storchschnabels immer ins Auge – egal, wo er wächst. Diese Eigenschaft trifft nicht bei allen Pflanzenarten zu, die aus der Wildnis in den Garten gebracht werden. Die kriechenden Stängel der niedrig wachsenden *G. wallichianum* aus dem Himalaja kommen ebenfalls gut im Vordergrund einer Rabatte zur Geltung, doch sollte diese im Schatten liegen, da die Pflanze keine pralle Sonne verträgt. Die Zuchtform 'Buxtons Blue' hat eine kräftige blaue Färbung, die im Schatten sogar noch stärker wirkt.

Wildgeranien für Sonne und Schatten

Da sie sich ganz natürlich an wenig Licht anpassen, gibt es eine große Zahl von Wildgeranienarten, die Sie in Gärten mit hohem Baumbesatz, Schatten oder bei wenig Sonneneinstrahlung anpflanzen können. Sie gedeihen noch unter Bedingungen, unter denen andere Pflanzen bereits aufgeben müssen.

Leichter Schatten
G. endressii
G. gracile
G. lambertii
G. macrorrhizum
G. nodosum
G. phaeum
G. psilostemon
G. sinense
G. sylvaticum
G. versicolor
G. x *oxonianum*

Schatten und Trockenheit, Naturgärten
G. lucidum
G. macrorrhizum
G. nodosum
G. psilostemon
G. robertianum

Standortbedingungen

Für Gärten auf Kalkstein nehmen Sie am besten *G. sanguineum* und *G. pratense*, da beide auch in der Natur auf Kalkstein wachsen. Weil Kalkstein sehr trocken ist, macht diesen Arten Trockenheit nicht viel aus, sie mögen die pralle Sonne. *G. soboliferum* dagegen hat es gerne feucht, aber ebenfalls in der prallen Sonne. Die Standortbedingungen (Sonneneinstrahlung und Wasserabzug) Ihres Gartens bestimmen letztendlich, welche Varietäten für Sie am besten sind.

Schatten

Die meisten Wildgeranien fühlen sich in Rabatten in leichtem Schatten wohl. Halbschatten ist perfekt für *G. endressii*, eine nützliche Kriechpflanze ist hier *G. e.* 'Russell Pritchard'. Außerdem bevorzugen auch *G. wallichianum* und *G. palustre* Schatten, obwohl letztere auch in ungeschützten Beeten wächst. Weitere Wildgeranien für Rabatten sind *G. grandiflorum*, vor allem die Zwergform var. *alpinum*, *G. ibericum* mit ihren auffälligen Blüten, *G. pratense*, die größte einheimische Wildgeranie und *G. psilostemon*, die armenische Wildgeranie. Auch die kompakte *G. macrorrhizum* ist sehr beliebt. Wann und wie lange eine Geranie in der Rabatte blüht, hängt von der Art, Zuchtform oder Hybride ab. Im Allgemeinen stehen Geranien vom späten Frühjahr bis in den Hochsommer in Blüte.

***G.* 'Sirak'**
Rechts *Die rosa und beige Färbung der 'Sirak' und der Gewöhnlichen Waldrebe (*Clematis vitalba*) sind typisch für den Hochsommer, wenn die Luft vom betörenden Duft der Waldrebe erfüllt ist. Hier zieht ein Ausläufer der Waldrebe durch die Geranie, so dass dieses schöne Bild entsteht.*

Wildgeranien nach Jahreszeiten

Wildgeranien erfreuen den Gärtner von Frühjahr bis Herbst mit ihren Blüten. Unten finden Sie einige Beispiele für gute Früh- und Spätblüher.

Frühjahr bis Frühsommer	Sommer bis Frühherbst
G.albiflorum	*G. lambertii*
G. libani	*G. pogonanthum*
G.maculatum	*G. rubifolium*
G. reflexum	*G. sinense*
G. rivulare	*G. thunbergii*
G. sylvaticum	*G. wallichianum*

Wildgeranien in Hügelform schneiden Sie gleich nach der ersten Blüte zurück, dann bekommen Sie später einen zweiten Blütenaustrieb. Asiatische Arten blühen zumeist erst nach dem Hochsommer.

Wenn Sie ein spezielles Farbmuster für eine Rabatte planen, haben Sie eine sehr große Auswahl. Wildgeranien gibt es auch in Ihrer Lieblingsfarbe. Sie bestechen vor allem durch eine Farbpalette, hinter der jede andere Pflanze zurückstehen muss. Ein Vorteil der Geranien liegt auch darin, dass sie von Natur aus gerne an schattigen Orten wachsen. Da so viele Wildgeranien auf Wiesen oder an Waldrändern wachsen, haben sie einen entscheidenden Vorteil gegenüber anderen Gartenpflanzen, die sich im Schatten nicht so wohl fühlen. Viele von ihnen werden etwa 1 m hoch.

Wildgeranien nach Farben eingeteilt

Wählen Sie mehrere Wildgeranien, die mit ihren Farben andere Arten und Zuchtformen in der Blumenrabatte ergänzen. Bedenken Sie dabei jedoch, wie groß eine Pflanze nach einigen Jahren sein wird.

Rot-Purpurrot	**Weiß**	**Blue**
G. argentum x *cinereum*	*G. albiflorum*	*G. erinathum*
G. incanum	*G. clarkei* 'Kashmir White'	*G. himalayense*
G. kishtvariense	*G. macrorrhizum* 'Album'	*G. libani*
G. ocellatum	*G. pratense 'Galactic'*	*G. malviflorum*
G. psilostemon	*G. richardsonii*	*G. pratense*
G. stapfianum	*G.robertianum* 'Album'	*G. platypetalum*

Wildgeranien kommen für sich alleine wunderbar zur Geltung. Sie können sie auch mit anderen Pflanzen kombinieren und wirklich eine Attraktion aus ihnen machen. *G.* 'Ann Folkard' passt hervorragend zu anderen Pflanzen und leistet einen fantastischen Beitrag zu jeder Blumenrabatte. Diese Pflanze ist kräftig, pflegeleicht und breitet sich leicht aus. Ihre Farben wirken noch besser, wenn Sie sie neben die *Artemisia* 'Powis Castle' mit ihren silbergrauen Blättern pflanzen. Der Scheingeißbart mit seinen verschiedenen Rosa- und Rottönen ist ebenfalls ein guter Partner. 'Ann Folkard' ist eine sterile Hybride, die aus ihrem eigenen Wurzelstock vermehrt werden muss. Ursprünglich zog sie der Pfarrer O. G. Folkard 1973 in seiner Gärtnerei im englischen Lincolnshire.

G. versicolor
Oben *Ihre kleinen weißen Blüten haben eingekerbte Blütenblätter und sitzen an einem wuchernden Stängel. Sie wächst gut in einem Wald- oder Naturgarten.*

***G. clarkei* 'Kashmir Purple'**
Links *Ein Frühlingsblüher, der im Halbschatten an einem Waldrand wächst und einen hervorragenden Beitrag zur Struktur des Gartens leistet.*

***G.* 'Ann Folkard'**
Gegenüber *Diese Züchtung hat einen offenen Wuchs, ihre jungen Blätter sind gelb gefleckt. Man kann sie zu vielen anderen Pflanzen setzen, wie z.B. hier zu einer* Artemisia *'Powis Castle'.*

G. ibericum,* subsp. *jubatum
Links *Eine Unterart mit leichten Abweichungen von der normalen Form: deutlichere Adern, blauere Blütenblätter, mehr Haare an den Knospen und Stielen. Auch die Blüten sind kleiner.*

Steingärten und Tröge

Viele Wildgeranien haben ihren natürlichen Lebensraum in den so genannten „Gebirgsregionen", das sind alle Regionen, die mehr als 1000 m über dem Meeresspiegel liegen. Dies ist nicht besonders hoch und so gehören die meisten Gebirge auf dieser Welt zu diesem Lebensraum. Die Gebirge Ost-, Mittel- und Westeuropas, darunter die Alpen und die Pyrenäen, sind sehr wichtige Gebiete für Wildgeranien.

Geröllgärten

Bei einem Geröllgarten für Wildgeranien sollte der Boden sehr durchlässig sein. Mit Kies, Splitt und kleinen Steinen wie z. B. Kalktuff können Sie viele Gruben und Löcher schaffen, in denen Samen und Sämlinge wachsen können.

Der Standort sollte warm sein und viel Sonne bekommen, wenn möglich sollte er sogar zur Sonne hin geneigt sein. *G. malviflorum* mag sehr kargen Boden in der prallen Sonne. Weitere Pflanzen für Geröllbeete sind G. *stapfianum, G. tuberosum, G. argentum, G. dahuricum* und *G. farreri*. Der Regen muss aus einem Geröllbeet sofort ablaufen können, damit sich der Boden schnell erwärmen kann. Die meisten Arten müssen regelmäßig gegossen werden, doch *G. collinum* verträgt auch Dürre und eignet sich daher besonders für einen trockenen Garten.

Steingärten

Steingärten bieten einigen größeren Arten ein schönes Zuhause, z. B. der *G.* x *cantabrigiense* oder *G. donianum*, einer Art aus Westchina. *G. lindavicum* 'Apple Blossom' ist eine sehr pflegeleichte Pflanze, da sie so gut wie überall gedeiht: in Stein- oder Gebirgsgärten, Geröll oder Trog.

Tröge

Wenn Sie den kargen Boden von Berghängen oder Geröllfeldern in einem Behälter oder Trog nachbilden wollen, nehmen Sie am besten *G. cinerum, G. dalmaticum. G.* x *lindavicum* 'Lissadell', *G. pylzowianum* und die neuseeländische *G. sessiliflorum* Unterart 'Novaezelandiae'.

***G. macrorrhizum* 'Album'**
Links *Eine große Pflanze mit ausreichendem Platzbedarf, da sie unzählige dieser seltsam geformten Blüten trägt. Die Staubblätter sind doppelt so lang wie ihre Blütenblätter. Bienen besuchen diese Blüten gerne. Die Blätter sind weitgehend vor Raupen sicher, da diese mehrjährige Pflanze klebrig ist und aromatisch duftet.*

Bodendecker

Da Wildgeranien winterharte mehrjährige Pflanzen sind, haben sie auch genug grünes Laub, wenn sie gerade nicht blühen. Wildgeranien als Bodendecker haben den Vorteil, dass sie Unkraut zurückdrängen. Dadurch macht der Garten nicht mehr viel Arbeit, wenn sich die Pflanzen erst einmal etabliert haben.

Verantwortlich für den Erfolg Geranien als Bodendecker ist ihre Wuchsform. Die meisten Wildgeranien wachsen entweder als Hügel oder als verzweigte, aufrecht stehende Pflanzen. Wenn sie in Massen vorkommen, nehmen sie viel Platz ein. Viele Gärtner pflanzen eine einzige Wildgeranienart als Bodendecker oder auch mehrere Arten, die sich ergänzen, zusammen. Sie können sich aber auch neue Kombinationen mit ganz anderen Arten ausdenken.

Mit Wildgeranien können Sie den Boden im Vordergrund von traditionellen abgestuften Blumenrabatten bedecken. Einfarbige Hügel der *G. sylvaticum* 'Album' oder *G. clarkei* wirken ebenfalls prächtig. Arten wie *G. endressii* können auch neben roten Lichtnelken oder purpurrotem Ehrenpreis angepflanzt werden. Als Bodendecker in einem gemäßigten Winter nehmen Sie *G. versicolor* oder *G. macrorrhizum*, denn sie behalten ihre Blätter, wenn die Temperatur sinkt.

Wildgeranien gedeihen gut im Halbschatten, denn in der Natur wachsen sie ja auch im Halbschatten an Waldrändern und auf Lichtungen. Früher war *G. macrorrhizum* mit ihren rotstieligen Blüten sehr beliebt, doch heute suchen viele Gärtner nach etwas Ausgefallenem. Besonders schön wirken *G. sylvaticum* und *G. himalayense* mit ihrer herrlichen hellblauen Färbung.

Einige rote Geranien kommen in der prallen Sonne am besten zur Geltung, wie z.B. *G. psilostemon* oder *G.* 'Patricia'. Hybriden der *G. wallichianum*, die an einer Mauer herabhängen, sehen im Abendlicht toll aus. Eine interessante Form der *wallichianum*, die *Thurstonianum*, hat bizarr geformte Blütenblätter und gedeiht auch in der vollen Sonne gut.

Links *Viele mehrjährige Geranien gedeihen gut im Schatten. Dort lässt sich ihr abgeschwächter Wuchs und die Tatsache, dass sie auch bei weniger Licht blühen, optimal nutzen.*

In größeren Gärten sorgen Geraniengruppen für eine Bodenbedeckung und werden so hoch wie der Waldkerbel (*Anthriscus sylvaticus*), also bis zu 1 m. Einige zartgefärbte Sorten kommen hier am besten zur Geltung, darunter *G. oxonianum* oder auch die weiße Form des Ruprechtkrauts. Wildgeranien als Bodendecker machen sich in größeren Gärten nützlich, denn sie dienen als Füllpflanzen und Unkrautunterdrücker. Wuchernde Geranien sind z.B. *G. orientalitibeticum* und *G. pylzowianum.* Die Bodenbedeckung, die die meisten Geranien im Sommer schaffen, hält größtenteils noch im Herbst und Winter an. *G. sessilioflorum* hat immergrüne Blätter, die niedrigen Hügel der Pflanze schaffen wertvolle Bodendeckung und lassen den Garten auch im Winter interessant aussehen.

Bodendecker

Pflanzen für Sonne oder Schatten, nach Größe absteigend geordnet

- *G.* x *magnificum*
- *G. macrorrhizum*
- *G.* x *oxonianum*
- *G. himalayense*
- *G. wlassovianum*
- *G. procurrens*
- *G.* x *cantabrigiense*
- *G. dalmaticum*
- *G.* x *riverslianum*

G x *oxonianum*

G. sanguineum* var. *striatum
Links *Als typische Waldart mit langen Stängeln und offenem Wuchs ist dieser weiß blühende Waldstorchschnabel genau die richtige Wahl für Standorte unter Bäumen oder neben Hecken, in einem Obstgarten oder jedem anderen Naturgarten.*

***G. clarkei* 'Kashmir White'**
Gegenüber *Diese Pflanze ist nach dem britischen Botaniker C. B. Clarke benannt und ist in den Bergen von Kaschmir bis zu einer Höhe von 4200 m zu finden. Auch die mehrjährige Züchtung behält viele ihrer winterharten Eigenschaften.*

G. incanum
Oben *Eine aus der Kapregion in Südafrika stammende Pflanze. Sie besitzt kräftig gefärbte Blüten und Blätter, die beim Zerreiben nach Petersilie duften.*

G. renardii
Oben *Benannt nach dem russischen Naturforscher K. I. Renard, hat diese Art weiße Blüten mit keilförmigen, eingekerbten Blütenblättern mit fünf dunklen Adern. Sie stammt aus den Felsabhängen des Kaukasus und eignet sich für Stein- und Geröllgärten.*

Einteilung der Geranien

Es gibt viele Wildgeranienarten in Westeuropa, die nicht in Gärten gezogen werden und trotzdem Wegränder und Wälder oder Brachflächen in der Stadt schmücken. Manche sind klein, unkrautähnlich und einjährig, andere dagegen größer, auffälliger und mehrjährig – sie wurden speziell gezüchtet. Bei einer solchen Artenvielfalt bilden manche Storchschnäbel ganz natürliche Gruppen, viele andere haben jedoch ihre ganz speziellen Kennzeichen. Wenn Sie diese Gruppen kennen, fällt Ihnen die Auswahl der Pflanzen für Ihren eigenen Garten leichter.

G. dissectum
Oben *Diese wilde Art aus Europa hat winzige Blüten zwischen filigranem Blattwerk.*

***G. riverslianum* 'Mavis Simpson'**
Rechts *Da diese kriechende Pflanze massenweise Blüten hervorbringt, eignet sie sich als wirkungsvolle Bodendeckung in einer Rabatte oder einem Steingarten.*

Die Sanguineum-Gruppe

Aus dieser weit verbreiteten und wunderschönen Gruppe stammen einige der auffälligsten und beliebtesten Wildgeranien für den Garten. Ob sie nun den Wegrand schmücken oder in einer Rabatte gezogen werden: Immer sorgen diese Pflanzen für fröhliche Farbtupfer.

Die wichtigste Wildgeranie für den Garten ist die *G. sanguineum*, der Blutige Storchschnabel, eine bekannte Art für Ziergärten mit traditionellen Blumenrabatten. Gärtner, die stattdessen einen „Natur-“ oder „Wildblumengarten“ bevorzugen, wählen eher wilde einheimische Arten wie *G. pratense, G. sylvaticum* und *G. phaeum* (Wiesen-, Wald- bzw. Dunkler Storchschnabel). Einheimische Arten belohnen mit interessanten Blättern und Farben.

Blutiger Storchschnabel

Eine der schönsten einheimischen Geranien in Europa ist der Blutige Storchschnabel, *G. sanguineum*, der seinen Namen der blutroten Farbe seiner Blütenblätter verdankt. In der freien Natur sieht er immer beeindruckend aus, ob er nun in einer Gruppe Wildblumen im französischen Zentralmassiv oder auf einem Felsvorsprung über dem Atlantik in Westirland wächst. Diese Art ist in Europa weit verbreitet, doch man findet sie auch in Asien und in nordamerikanischen Gärten. Man muss diese Pflanze einfach bewundern, denn sie scheint gerade unter harten Bedingungen, wie in Felsen, Hitze und Trockenheit, gut zu gedeihen. Auch ein gewisses Maß an Frost verträgt sie gut. Im Garten gedeiht sie sehr gut als winterharte mehrjährige Pflanze und hat auch eine Albinoform namens *G. sanguineum* 'Album'. In freier Natur scheint sie jedoch getreu ihrer Art zu wachsen, ich habe dort jedenfalls noch nie eine Albinopflanze gesehen – obwohl Albinos bei allen Pflanzen in der Natur durchaus vorkommen können. Vermutlich war der natürliche Albino auch der Ursprung dieser weißen Form.

G. sanguineum
Oben links *Der echte Blutige Storchschnabel hat leuchtende Farben. Er bildet Pflanzenhügel und blüht etwa einen Monat lang.*

***G. sanguineum* 'Shepherds Warning'**
Oben *Die Blüten sind dunkelrosa, im Vergleich zur gesamten Art sind die Pflanzen etwas kompakter.*

G. sanguineum* var. *striatum
Links *Diese Pflanze war ursprünglich als* G. s. *var.* lancastriense *bekannt. Die Blütenblätter ihrer zarten Blüten sind von rosa Adern durchzogen.*

***G. sanguineum* 'Album'**
Gegenüber *Die weiße Züchtung des Blutigen Storchschnabels ähnelt vielen weißen Formen anderer Arten, doch ist sie leicht an ihren typischen Fiederblättern zu erkennen.*

Den Blutigen Storchschnabel können Sie auch in einer seiner vielen anderen Formen – in Gärtnereien sind etwa 40 erhältlich – im Garten anpflanzen. Bemerkenswert sind *G. sanguineum* 'Shepherds Warning' und die dunkelrote *G. sanguineum* 'Nyewood'. *G. sanguineum* var. 'Striatum' erhielt ihren Namen von den purpurroten Adern auf ihren weißen Blütenblättern – eine Art purpurrot geäderter weißer Blutiger Storchschnabel. Außerdem gibt es einen dunkelblättrigen Blutigen Storchschnabel namens *G. sanguineum* 'Nigricans'.

Ruprechtskraut

Das Ruprechtskraut *(G. robertianum)* ist ein einjähriges Kraut, das früher vor allem wegen seiner medizinischen Eigenschaften geschätzt wurde (es heilt alle möglichen inneren und äußeren Beschwerden) und nicht so sehr wegen seinem Beitrag zur Gartengestaltung. Die Pflanze ist jedoch wunderschön, sie hat gefiederte Blättchen und winzige rosa Blüten. Sie kann sich gut Ihrem Garten anpassen, da sie auch als einjährige Wildpflanze vorkommt. Ein guter Standort für das Ruprechtskraut ist eine Spalte in einer Mauer neben dem Mauerzimbelkraut *(Cymbalaria muralis)*. Es gibt auch eine kleinere Variante des Ruprechtskrautes namens Kleiner Ruprecht, *G. purpureum*.

Es existieren natürliche Albinoformen des Ruprechtkrauts – einige von ihnen wurden auch für den Garten gezüchtet. Dazu gehören 'Celtic White' und 'Cygnus', in deren Stängeln und Blättern die roten Pigmente fehlen, und die Kriechpflanze 'Album'.

Einzelne Pflanzen können 60 cm hoch werden, müssen dazu jedoch gestützt werden. Sie sind im Sommer grün und im Herbst rot gefleckt – deshalb nannte man sie auch Drachenblut. Die Art kommt in ganz Europa, Asien, Nordafrika und Nordamerika vor.

G. dissectum ist eine weitere kleine Wildgeranie, die häufig am Wegrand zu finden ist. Ihre Fiederblätter sind wunderschön und wenn Sie die Pflanzen mitten unter Wildblumen auf eine Wiese, z.B. in einem Obstgarten, setzen, wirkt die Wiese gleich viel interessanter. Wie viele Wildgeranien eignet sich auch diese Pflanze eher für den Liebhaber und Sammler, nicht so sehr für den Hobbygärtner.

Wildgeranien in Nordamerika

In Nordamerika gibt es weniger Wildgeranien als in Europa, einige europäische Arten haben sich jedoch angesiedelt. Zu den einheimischen gehören *G. maculatum* (die Wildgeranie), *G. bicknelli* (Bicknells Storchschnabel), und *G. carolinianum* (Carolina-Geranie oder Kleinblütiger Storchschnabel). Die Richardson-Geranie *(G. richardsonii)* wächst in lichten Wäldern und an Waldrändern, *G. viscosissimum* (Klebrige Geranie wegen ihrer klebrigen Blätter) ist dagegen in der prallen Sonne eine attraktive Pflanze.

G. sanguineum
Oben *Das lebendige Dunkelrot ihrer zarten Blüten macht diese Form des Blutigen Storchschnabels besonders beliebt.*

G. robertianum
Links *Viele Gärtner unterschätzen diese schönen Blumen, doch sehen sie in schmalen Spalten einfach herrlich aus.*

G. x oxonianum
Gegenüber *Dies ist eine Hybride aus* G. versicolor *und* G. endressii. *'Oxonianum' bedeutet, dass sie aus Oxford stammt.*

G. endressii und G. oxonianum

Geranium endressii ist eine atemberaubende Geranie für jede Rabatte. Sie hat ihren ganz speziellen, etwas verblassten Rosaton und ihre Blütenblätter sind leicht hoch gebogen. Am Ende jedes Blütenblattes befindet sich eine auffällige Kerbe. *G. endressii* stammt aus den Gebirgsregionen der Pyrenäen, hauptsächlich ist sie auf der französischen Seite des Gebirges zu finden und wächst dort auf feuchten Wiesen und an Flussufern. Im Garten wächst sie üppig und eignet sich hervorragend zur Bodenbedeckung, wenn man sie am Ende der Blütezeit auf Bodenhöhe zurückschneidet. Es gibt nur wenige Zuchtformen der *G. endressii*, darunter weiße, dunkle und rosige Zuchtformen, sowie die *G. endressii* 'Wargrave Pink' mit lachsroten Blüten. Eine durch Kreuzung von *G. endressii* mit *G. versicolor* entstandene Hybride wird als *G.* x *oxonianum* vertrieben.

G. x *oxonianum* ist eine sehr kräftige Pflanze für Blumenrabatten oder schattige Plätze unter Bäumen. Diese Hybride weist nicht mehr den hügeligen Wuchs der *G. endressii* auf, sondern wird bis zu 1 m hoch und trägt kleine, hellrosa Blüten. Interessante Zuchtformen sind die *G.* x *o.* 'Wargrave Pink', deren Blütenblätter ein kräftigeres Rosa haben, 'Old Rose', die eher Richtung bläulichviolett geht, und 'Hollywood', die kleine Blüten von unterschiedlichem Weiß und Rosa hat. Ein anderes wichtiges Ergebnis dieser Kreuzung ist die silbrig rosane *G.* x *o.* 'A. T. Johnson'. *G.* x *o.* 'Thurstonianum' hat sehr schmale Blütenblätter, die unvollständig ausgebildet sind. Da die dunklen Adern auf den Blütenblättern sehr nahe beieinander liegen, wirken die kleinen Blüten dunkelpurpurrot. Sie wächst in voller Sonne wunderschön.

G. endressii wurde noch mit einer zweiten Storchschnabelart gekreuzt: mit *G. traversii*, die rosa oder weiße Blüten hat und von den neuseeländischen Chatham Inseln stammt. Daraus ist *G.* x *riverslianum* entstanden, von der zwei Zuchtformen häufig im Garten verwendet werden. Dies sind *G.* x *r.* 'Mavis Simpson' mit silbrigen, perlmuttfarbenen Blüten, und *G.* x *r.* 'Russell Prichard', die kriechende Stängel mit dunkelrot bis rosa Blüten hat.

G. x oxonianum 'Wargrave Pink'
Oben *Eine mehrjährige winterharte Pflanze, die zur Gruppe der Zuchtformen mit lachsroten Blüten gehört. Früher hieß sie* G. endressii *'Wargrave Pink'.*

G. x oxonianum 'Lace Time'
Rechts *Diese zierliche Züchtung erhielt ihren Namen von ihren Adern, die der Äderung auf den Flügeln eines Schmetterlings gleichen. Sie ist an ihren auffällig eingekerbten Blütenblättern leicht zu erkennen.*

G. x *oxonianum* 'Summer Surprise'
Links *Die hellen, aber dennoch kräftigen rosa Blütenblätter sehen wunderschön aus. An ihrem Grund geht das Rosa in eine kleine beige-grüne Fläche über, aus der sich die blassen Blütenteile erheben.*

G. x *oxonianum* 'Thurstonianum'
Oben und rechts *Eine ungewöhnliche Zuchtform, die etwas seltsame, aber wunderschöne Blüten trägt. Ihre bandförmigen Blütenblätter sind kurz und stehen weit auseinander. Da ihre Adern in Bündeln verlaufen, wirkt die Blüte sehr dunkel. 'Thurstonianum' gibt es mit verschiedenen Blütenfarben, im Frühjahr bringt sie manchmal halb gefüllte Blüten hervor, da manche Staubblätter blütenblattähnlich werden können. Ihr Wuchs ist jedoch immer gleich: groß und buschig. Die Blüten sehen besonders aus der Nähe sehr interessant aus. Die großen Pflanzen nehmen in sonnigen Rabatten viel Raum ein und belohnen den Gärtner von Frühjahr bis Herbst mit üppigen purpurroten Blüten.*

Waldgeranien

Waldgeranien und ihre Zuchtformen bilden das Bindeglied zwischen der Flora der Naturlandschaft und einer Blumenrabatte. Sie sind bis zu einem gewissen Grad frostunempfindlich und daher für viele Gärten sehr praktisch.

Zu den Waldgeranien gehören sechs europäische und asiatische Arten, die alle große, breite, gelappte Blätter und aufrecht stehende Blüten haben: *G. sylvaticum, G. rivulare, G. pseudosibiricum, G. albiflorum, G. psilostemon und G. procurrens*. Die beiden folgenden Arten sind am häufigsten zu finden.

Waldstorchschnabel

Der Waldstorchschnabel *G. sylvaticum* kommt in der Natur in Wäldern, auf Wiesen und offenem steinigen Boden vor. Er hat aufrecht stehende Blüten, die auffällig rötlich violett oder rosa sind. Die Pflanze wächst bis zu einer Höhe von 2400 m und breitet sich über ganz Europa – von Schottland und England – bis nach Asien aus. Im Garten gedeiht sie in der Sonne und im Schatten. Manchmal ist sie auch an Straßenrändern zu finden und lockert dort die Vegetation auf.

Da sie sich ganz natürlich an einen schattigen Garten oder an den Halbschatten eines Zaunes oder Waldrandes anpasst, eignet sich diese Art auch gut für Geröll- und Kiesgärten. Wenn die Pflanze so unter anderen Pflanzen wächst, dass ihre Blüten trotzdem nach oben gelangen können, entstehen interessante Farbkombinationen. Das schönste Merkmal der *G. sylvaticum* ist ihre helle Blütenmitte, die auch bei einigen ihrer hübschen Hybriden und Klone zu finden ist, wie

G. sylvaticum
Links *Diese große und hübsche Pflanze eignet sich gut für schattige oder sonnige Rabatten und Ufer. Sie hat viele Formen und Zuchtformen, darunter 'Album' und 'Mayflower'.*

G. psilostemon
Rechts *Diese mehrjährige Pflanze ist in unseren Breiten in der Regel immer winterhart. 'Bressingham Flair' und 'Gold Leaf' sind Beispiele für Zuchtformen.*

z.B. bei *G. s.* 'Mayflower' in blaustichigem Purpurrot und bei *G. sylvaticum* 'Silva' in blaustichigem Dunkelrot. In Gärtnereien gibt es mindestens vierzehn Formen, Unterarten, Klone, Varietäten und Zuchtformen des Waldstorchschnabels, darunter auch *G. sylvaticum* 'Album'.

Geranium psilostemon

Das grellste Rot außer dem Blutigen Storchschnabel weist *G. psilostemon* auf. Ursprünglich hieß sie *G. armenum* nach ihrer Heimatregion Armenien in Osteuropa. Ihre großen Blüten haben ein prächtiges schwarzes Zentrum, von dem schwarze Adern ausgehen. Dies sieht in jeder Rabatte fantastisch aus, da Rot ja überall dazu passt, besonders ein feuriger Rotton. Aus ihr wurden viele Hybriden gezüchtet.

G. 'Patricia' entstand aus der Kombination von *G. psilostemon* und *G. endressii*, einer rosa Art aus den südeuropäischen Pyrenäen. Ihre Blüten haben kaum etwas von der Anziehungskraft ihrer Eltern verloren. Eine weitere Hybridisation fand zwischen *G. psilostemon* und *G. procurrens* statt, einer Pflanze aus dem Himalaja mit purpurroten Blüten mit schwarzem Zentrum. All diese Eltern und Hybride haben ein schwarzes Blütenzentrum.

Geranienhybriden

So entsteht eine Hybride: Zwei verschiedene Arten werden gekreuzt, so dass eine Hybride entsteht, die die Merkmale und Vorteile beider Eltern vereint.

G. psilostemon
Leuchtende Blütenblätter und dunkles Auge

X

G. procurrens
Kleine, aber leuchtende Blüten

=

G. 'Ann Folkard'
Große Blüten mit leuchtendem Auge

Wiesengeranien

Wiesengeranien geben einem Garten ein verwildertes und ungezähmtes Aussehen. Diese mehrjährigen Pflanzen überraschen Jahr für Jahr mit ihrer wunderschönen Farbpracht und können auch hervorragend im Garten kultiviert werden.

Zur Gruppe der Wiesenstorchschnäbel *(Pratense)* gehören einige wichtige Gartengeranien, darunter *G. pratense* selbst mit all ihren Varietäten, *G. himalayense* und *G. clarkei*. Sie alle sind mehrjährige Pflanzen mit großen blauen oder rosa Blüten, die normalerweise Drüsenhärchen haben. Der Wiesenstorchschnabel ist in der freien Natur von Westeuropa bis Westchina zu finden. *G. pratense* und *G. himalayense* wurden auch nach Nordamerika gebracht und schmücken dort zahlreiche Gärten. Obwohl *G. pratense* wild vor allem auf Kalkstein wächst, benötigt sie diese Voraussetzung im Garten zum Glück nicht. Dort kann man sie ohne große Schwierigkeiten in einer Wiese anpflanzen.

Auch andere Wildgeranien haben sich bereits an ein Leben in der prallen Sonne abseits ihres natürlichen Lebensraums an Waldrändern angepasst. Dazu zählen vor allem der Sumpfstorchschnabel *(G. palustre)* und der Dunkle Storchschnabel *(G. phaeum)*. Diese beiden Wildgeranien können Sie in feuchte Gärten oder an Teiche setzen, da sie in der Natur auf feuchten Wiesen wachsen.

Wenn Sie eine Wildblumenwiese anlegen wollen, sollten Sie an *G. pratense* denken. Diese Art ist von Europa bis Asien beheimatet. In einigen Teilen der Welt hat sie sich an Straßenrändern angesiedelt und fühlt sich in hohem Gras wohl, wo sie ihre Blütenköpfe über die anderen Pflanzen reckt. Dabei zeigt sie sich in einem Spektrum aus verschiedenen Violett, Hellblau-, Rosa- und Weißtönen.

Von dieser Art gibt es vermutlich mehr Zuchtformen als von jeder anderen Wildgeranie (aufgelistet sind 38). Daran sieht man, wie wichtig sie in der Gartengestaltung ist.

Die unterschiedlichen Blütenfarben spiegeln sich in den vielen verschiedenen Zuchtformen, wie z.B. 'Silver Queen', 'Blue Chip', *f. albiflorum* und 'Rose Queen' wider. Zwei sehr interessante und wunderschöne Zuchtformen sind *G. p.* 'Plenum Caeruleum' mit ihren gefüllten bläulich violetten oder rosa Blüten und 'Mrs. Kendall Clark', deren hellblaue Blütenblätter von zarten, schon fast ätherisch wirkenden, weißen Adern durchzogen sind. Beide kommen im Garten hervorragend zur Geltung.

***G. himalayense* 'Plenum'**
Links *Gefüllte Blüten wie diese, die von der Normalform abweichen, sehen sehr interessant aus. Eine Laune der Natur brachte viktorianische Gärtner dazu, einmal etwas anderes auszuprobieren. Dies ist eine altmodische Wildgeranie, die gut in Rabatten wächst.*

G. pratense
Rechts *Die Blüte einer Wildgeranie hat etwas Einfaches an sich, doch gerade dies macht sie so attraktiv. Die fünf Blütenblätter und die schlichten Fortpflanzungsorgane sind bei diesem Wiesenstorchschnabel sehr gut zu sehen.*

ZUCHTFORMEN DES DUNKLEN STORCHSCHNABELS

G. p. 'Album'	strahlend weiß
G. p. 'Blue Shadow'	blau
G. p. 'Calligrapher'	purpurblau bis dunkelviolett
G. p. 'Joan Baker'	rot-purpurrot
G. p. var. *lividus*	purpurblau
G. p. 'Langthorn's Blue'	purpurblau
G. p. 'Lily Lovell'	dunkel bläulich violett
G. p. 'Mourning Widow'	purpurschwarz
G. p. 'Pink Spice'	rosa
G. p. 'Rose Madder'	braunrosa

***G. himalayense* 'Gravetye'**
Links *Diese Züchtung wurde nach dem Haus Gravetye Manor in Sussex/England benannt, wo William Robinson – ein Vorreiter des Gärtnerns mit Wildblumen – lebte. Typisch für sie ist der rotunterlaufene Grund der Blütenblätter. Sie ist eine winterharte mehrjährige Pflanze und in Nordamerika sehr beliebt.*

Die Palmatum-Gruppe

Die Pflanzen der Palmatum-Gruppe beeindrucken durch ihre imposante Größe, egal wo sie stehen. Um aus diesen großartigen Pflanzen das Beste herauszuholen, sollten Sie ihnen ausreichend Platz bieten.

Zwei Wildgeranienarten aus Madeira gehören wegen ihrer Blattrosette und Größe zur Palmatum-Gruppe. Diese wundervollen Arten sind *G. palmatum* und *G. maderense*. Sie sind kurzlebige mehrjährige Pflanzen und wachsen in mediterranem Klima oder in großen Gewächshäusern. *G. palmatum* hieß früher aufgrund ihrer anemonenförmigen Blätter *G. anemonifolium*. Diese Verbindung besteht bis heute, denn sie gehört zur Sektion *Anemonifolia*.

Der Palmatum-Gruppe sehr nahe steht eine andere hochwüchsige Geranie namens *G. canariense*. Wegen ihrer ähnlichen Blattform gehört sie zusammen mit dem bekannten Ruprechtskraut und der *G. rubescens* zur Robertianum-Gruppe. Sie sind die größten Geranien Westeuropas.

Diese drei fantastischen Wildgeranien entstammen den westlichsten Regionen Europas und sehen auch im Garten herrlich aus. Sie heißen auch Große Atlantische Storchschnäbel, um sie von kleineren Wildgeranien zu unterscheiden. Alle stammen von Inseln: *G. canariense* von den Kanaren, *G. maderense* und *G. palmatum* aus Madeira. Die Pflanzen sind unverwechselbar und werden bis zu 1 m hoch. Die ersten beiden haben eine große Rosette von Grundblättern und sind daran leicht

G. canariense
Oben *Aus Teneriffa und von den anderen Kanarischen Inseln stammt diese schöne Art. Sie wächst in einer Blatt- und Blütenrosette, ganz wie ihre nahe Verwandte* G. maderense.

G. palmatum
Links G. palmatum *ist eine beliebte mehrjährige Art und stammt aus Madeira. Häufig wird sie wegen ihrer Größe im Garten oder Wintergarten gezogen.*

zu erkennen. Ihre Blüten sind hellrosa bis purpurrot und sitzen auf großen Doppeldolden. Eine ausgewachsene Pflanze braucht viel Platz und eignet sich gut als attraktives Gestaltungselement im Garten.

In Madeira bietet die *G. maderense* einen faszinierenden Anblick, wenn sie an Straßenrändern und Rastplätzen wächst. In ihrer Heimat ist diese Pflanze bedroht, denn in der Natur wächst sie nur auf dieser Insel. Zum Glück wird sie in anderen Gegenden gerne angepflanzt. Die Gärtner leisten also einen wertvollen Beitrag dazu, das Überleben dieser und anderer gefährdeter Arten zu sichern.

Die Landschaft dieser Inseln ist vulkanischen Ursprungs und zerklüftet und ein rauer Wind weht über die Inseln. Die Wildgeranien haben sich an die extremen Bedingungen angepasst und sind deshalb so groß und robust. Sie eignen sich nicht für kleine Gärten, doch für große Blumenrabatten oder als auffällige Einzelpflanze in einem großen Topf sind sie ideal.

Madeira
Links *Die Einsamkeit der vulkanischen Inseln von Madeira im Westatlantik hat die Entwicklung einer großen Zahl endemischer Arten begünstigt, darunter auch viele Wildgeranien. Dort gibt es idealen Lebensraum für die* G. maderense, *die sich im mildem Klima wohl fühlt.*

G. maderense
Links *Diese Geranie der Superlative ist die größte bekannte Wildgeranie und besitzt die größten Blätter. Sie wird bis zu 1,5 m hoch und ihre Blätter sind 60 cm breit. Sie gedeiht am besten in mediterranem Klima und sollte in Gegenden mit kühlen Wintern im Gewächshaus gezogen werden. Sie braucht viel Platz und eignet sich daher nicht für kleine Gartengewächshäuser. In wärmeren Regionen und großen Gärten kommt sie hervorragend zur Geltung.*

Dunkle Geranien

Die Gruppe der Dunklen Geranien wird auch Phaeum-Gruppe genannt. Diese Gruppe hat jedem Gärtner viel zu bieten, denn sie eignet sich für hohe Rabatten, Wiesen oder Naturgärten.

Diese Gruppe besteht aus den drei folgenden Arten: *G. phaeum, G. reflexum* und *G. aristatum*. Die hohen verzweigten Pflanzen haben nickende Blüten und hoch gebogene oder ausgestreckte Blütenblätter. Alle drei werden im Garten gezogen – *G. phaeum* ist am beliebtesten. *G. aristatum* ist eine hügelförmige Pflanze mit behaarten graugrünen Blättern und stammt aus den Gebirgen Südalbaniens. *G. reflexum* schließlich ist mit ihren nickenden rosigen Blüten eine ideale Bodendeckung.

G. phaeum, der Dunkle Storchschnabel, hat eine Verbindung zu Mystik und Glaube. Seine dunklen eindringlichen Blütenfarben wecken Assoziationen mit Tod und Trauer, deshalb heißt er auch 'Mourning Widow' (Trauernde Witwe) und wird oft als so benannte Zuchtform vertrieben. Die dunklen Blüten dieser aufrechten Pflanze stehen in derselben Höhe wie das lange Gras, das oft um einen Friedhof wächst. Es ist vielleicht kein Zufall, dass diese Art in England oft bei alten Friedhöfen zu finden ist, sogar in Großstädten wie London. Wenn Sie diese bemerkenswerte Art in eine dunkle Rabatte setzen oder sie in einer Bauernwiese, einem Obstgarten oder an einem Waldweg pflanzen wollen, werden Sie feststellen, dass sich diese Art fast überall wunderbar einfügt.

Beim Dunklen Storchschnabel gibt es sogar noch mehr Anlass zum Schwärmen wie bei den Waldgeranien, denn von den mehr als 30 Varietäten sind mindestens sieben attraktive dunkle Formen wie z.B. die dramatische *G. phaeum* 'Lily Lovell'.

Links *Es gibt etwa 30 Varietäten des Dunklen Storchschnabels. Viele von ihnen betonen die faszinierenden dunklen Farben der Blütenblätter. Dazu gehören 'Calligrapher', 'Lily Lovell' und 'Mourning Widow'.*

Rechts *Das dunkle Aussehen können Sie wirkungsvoll nutzen und mit anderen schokoladenbraunen oder dunklen Blumen wie z.B. dem Braunen Schmuckkörbchen wunderbar kombinieren.*

Pelargonien

Die Welt der Pelargonien ist viel größer als die relativ überschaubare Welt der mehrjährigen Geranien oder Storchschnäbel. Mit ihnen wurden viel mehr Kreuzungen durchgeführt, wobei die Pflanzen aufgrund ihrer Blattfarbe oder der Farbe und Form ihrer Blüten selektiert wurden. Pelargonienblüten sind größer als Geranienblüten, auch gibt es innerhalb der Pelargonien noch mehr verschiedene Untergruppen. Die Pflanzenfreunde begeistern sich für eine Vielzahl von Pelargonienarten, selbst kleine Gruppen, wie z.B. die beliebten Angel-Pelargonien, haben eine beträchtliche Fangemeinde.

***P.* 'Highfields Flair'**
Oben *Leuchtende Farben und große Blütendolden sind typisch für die Highfields-Serie der Zonalpelargonien.*

P. splendide
Links P. splendide *ist eine primäre Pelargonienhybride, oft mit der Pelargonienart* P. *'Tricolor' verwechselt. 'Tricolor' sieht sehr ähnlich aus, hat jedoch schmalere Blätter.*

Einführung

Im Laufe der Jahrhunderte führten Züchter und Pflanzenfreunde so viele Kreuzungen und Selektionen an Pelargonien durch, dass Tausende Sorten entstanden. Viele von ihnen gingen wieder verloren, doch die Freude am Züchten hat nie nachgelassen.

Pelargonien sind bereits auf Blumenstichen aus dem frühen 17. Jahrhundert abgebildet, obwohl man sie damals noch Geranien nannte. Kupferstiche des Gartens von Heinrich IV. von Frankreich aus dem Jahre 1608 zeigen Pelargonien neben Pflanzen wie Kaiserkronen *(Fritillaria imperialis)*. Fast 400 Jahre später ist die Beliebtheit der Pelargonien ungebrochen.

In Ziergärten, besonders in Frankreich, Deutschland und Italien, werden Pelargonien nach wie vor gepflanzt, um kräftige Farben in den Garten zu bringen. In Parks und Ziergärten werden Pelargonien als Blumenteppichbeete gepflanzt.

In den Gewölben der Linné-Gesellschaft in London sind 103 Herbarium-Exemplare von „Geranien" untergebracht, die Carl von Linné selbst gesammelt hat. Linné war ein schwedischer Naturforscher, der im 18. Jahrhundert lebte. Er führte das binominale Nomenklatursystem ein – die offizielle internationale Sprache der Botaniker, Wissenschaftler und Gärtner. Linnés „Geranien" waren allerdings verschiedene Arten der Gattungen *Pelargonium*, *Geranium* und *Erodium*.

Ursprünglich brachten Seefahrer die Pelargonien in die ganze Welt. Sie waren so beliebt, weil sie als Sukkulenten leicht überleben konnten. Im 18. Jahrhundert nahmen dann Auswanderer Pelargonien mit nach Australien. Schon früher, im Jahre 1770, hatte Captain Cook in der Botany Bay einheimische Geranien gefunden: *G. pilosum* (heute *G. solanderi*) und *Pelargonium australe*. Die australischen Siedler stellten fest, dass Pelargonien kräftig wuchsen und so in dichten Hecken gepflanzt werden können. Auch heute noch legen Australier Pelargonienhecken an.

Diese üppige Wirkung zeigt sich allerdings nur in mediterranem Klima, ein schönes Beispiel dafür ist im Garten La Mortola (auch als Hanbury Garten bekannt) an der italienischen Riviera zu sehen.

P. 'L'Elégante'
Links *Die altmodische Efeupelargonie mit interessanten Blättern und blassen purpurrot bis rosa Blüten gedeiht gut in einem Blumentopf auf der Terrasse.*

P. iconicum
Links *Dies ist der Gemusterte Storchschnabel, wie er von Robert Sweet um 1820 in seinem Meisterwerk über Geranien dargestellt wurde.*

Die Samen der *P. capitatum* kamen vermutlich in der Wolle von Schafen aus Südafrika nach Australien. Die beim Kardieren übrig gebliebene Wolle wurde oft weggeworfen. Wenn dann noch Samen daran hingen, konnten sich so Hunderte von Arten – nicht nur Pelargonien – in fernen Ländern ausbreiten. Zonalpelargonien konnten in Australien gut gedeihen, denn sie mögen ein heißes Klima und müssen nicht ständig gegossen werden.

Einteilung

Die Gattung Pelargonie besteht heute aus 14 Abteilungen. Ihre Einteilung ist noch nicht abgeschlossen, weitere Abteilungen werden noch dazukommen. Aus Sicht des Hobbyzüchters sind alle Sektionen einfach Pelargonien, egal wie sie genau heißen. In diesem Buch richten wir uns nach der traditionellen Einteilung der Pelargonien, von den Pelargonienarten über Duftpelargonien zu Zonalpelargonien, Edelpelargonien usw.

Zuchtsorten und Serien

Tausende Pelargonien wurden gezüchtet. Zwischen 1860 und 1900 entstanden über 9000 Zuchtsorten und in Pelargonien-Gärtnereien entstehen auch heute noch neue. Leider gingen durch die Fülle neuer Züchtungen viele alte Pelargonienzuchtsorten verloren. Diese

Entwicklung ist auch bei vielen anderen Pflanzen zu beobachten, denn die nachkommenden Züchter führen die Züchtungsserie nicht immer fort. Die Beliebtheit gewisser Zuchtsorten ist denselben Schwankungen unterworfen wie die Mode, eine spezielle Zuchtsorte geht verloren und ist plötzlich nicht mehr erhältlich.

Die Serien sind nach den Personen benannt, die sie eingeführt haben, oder nach Orten, manchmal auch nach Flüssen. Die Deacons(= Dekan)-Serie ist mit der Kirche assoziiert. Die Namen der neueren Zuchtsorten sind nicht mehr ganz so märchenhaft, da sie nun nach ihren Handelsnamen bezeichnet werden, d.h. nach eingetragenen Warenzeichen kommerzieller Firmen. Die Handelsnamen können Verwirrung stiften, da eine Pflanze unter Umständen nun drei Namen hat: den Namen des Züchters, einen Handelsnamen und einen eigenen botanischen Namen zur Registrierung.

Die Namen können an niemanden weiter verkauft werden, außer diese Person hat eine Lizenz zur Pflanzenvermehrung. Neue Zuchtsorten sind jedoch sehr leicht zu selektieren, so dass herrliche Züchtungen erschaffen werden, ob sie nun registriert sind oder nicht. Auch kommerzielle Züchter werden weiterhin neue Stammlinien erschaffen.

Man darf es Pflanzenfreunden nicht übel nehmen, dass sie sich ganz auf eine bestimmte Pelargoniengruppe konzentrieren, da es so viele verschiedene Gruppen gibt. Ein Pelargonienfan mag den Angels verfallen sein, einfach nur weil sie so hübsch sind und so helle Blütenblätter haben. Vielleicht liebt er aber auch die robusten Zonalpelargonien, deren leuchtend rote Blüten die Gärtner seit mehr als hundert Jahren faszinieren. Heute lässt man sich nur zu gerne von den Züchtern verleiten, die einige wenige etablierte Zuchtsorten millionenfach vermehren, doch ist es eigentlich schade, sich auf den Massengeschmack zu beschränken. Strecken Sie ruhig Ihre Fühler aus und sammeln Sie verschiedene Gruppen von Pelargonien aus eige-

EINTEILUNG

Die Pelargonien wurden erst vor kurzem neu eingeteilt, es gibt nun 14 Sektionen. Diese sind unten aufgelistet, zusammen mit ihren wichtigsten Eigenschaften und einigen erwähnenswerten Beispielen.

Gruppe	**Eigenschaften (vereinfacht)**	**Bemerkungen und Beispiele**
Campia	Niederer Wuchs, büschel- oder rosettenförmig	Bekannt durch Pelargonienarten wie *P. ovale*, *P. tricolor* und *P. elegans*
Ciconium	Große Pflanzen, drei untere Blütenblätter größer als die zwei oberen	Dazu gehören Arten wie *P. peltatum*, aus der die Efeupelargonien entstanden sind
Cortusina	Halb sukkulente Stängel	Einige bekannte Pelargonienarten, vor allem *P. crassicaule* mit ihren dicken Stängeln
Glaucophyllum	Bläuliche oder graue Blätter, Sträucher oder Halbsträucher	Eine kleine Gruppe von Arten mit unterschiedlichen Blattformen wie lanzettenförmig (*P. lanceolatum*) oder dreigeteilt (*P. ternate*), andere mit großen Blüten (*P. grandiflorum*)
Hoarea	Stängellos, Blätter sterben ab, wenn Blüten aufblühen, Knollen bildend	Über 70 Arten, darunter *P. longifolium* (mit langen Blättern) und *P. pinnatum* (mit gefiederten Blättern).
Isopetalum	Sukkulent, weiße Blüten	Eine einzige Art, *P. cotyledonis*, deren Blätter wie Keimblätter aussehen
Jenkinsonia	Gefingerte Blätter, große obere Blütenblätter auf einer zygomorphen Blüte	Dazu gehören zwei winterharte Arten – die einzigen, die im Winter draußen überleben können (außer in den kältesten Regionen): *P. endlicherianum* und *P. quercetorum*. Letztere wächst in den Eichenwäldern des Nordirak und der Südosttürkei.
Ligularia	Keine typischen, sondern höchst unterschiedliche Merkmale	Diese Gruppe kann man in drei weitere Gruppen einteilen, da sie nach der bisherigen Einteilung zu uneinheitlich ist. Beispiele sind *P. rodneyanum* und *P. fulgidum*.
Myrrhidium	Gefiederte Blätter, große obere Blütenblätter	In der Natur gelten die Pflanzen aus dieser Gruppe als wild wucherndes „Unkraut", das freie Flächen besiedelt. Einige von ihnen gedeihen in Hängeampeln gut. Beispiele sind *P. multicaule* und *P. candicans*.
Otidia	Sukkulent, weiße Blüten	Nur wenige Arten, darunter *P. alternans* und *P. carnosum*
Pelargonium	Aromatische Sträucher oder Halbsträucher, große obere Blütenblätter	24 bekannte Arten, darunter die Vorfahren der Duftpelargonien, Angels, Uniques und Edelpelargonien. Dazu zählt auch *P. capitatum*
Peristera	Ein- oder mehrjährig, kleine Blüten	Eine weitere Gruppe, die 1824 von de Candolle aus Montpellier benannt wurde. Dazu gehören Arten wie *P. australe*. 'Peristera' bedeutet auf Lateinisch 'Taube', nach ihrer Blattform.
Polycatium	Knollenpflanzen, Blüten duften nachts	Eine Vielzahl von Arten, darunter zwei Pflanzen für Liebhaber, *P. triste* und *P. bowkeri*, erstere wegen ihres feinen Duftes nach Einbruch der Dunkelheit, letztere wegen ihrer zwei verschiedenen Blattformen.
Reniformia	Unregelmäßige Blüten, Stängel mit Nebenblättern und Blattstielen	Eine Vielzahl aromatischer und bekannter Pflanzen, darunter *P. fragrans* und *P. odoratissumum*.

nem Interesse. Es ist nur zu verständlich, dass die Fans dem Zauber von Stellar-Sorten und kaktusblütigen Pelargonien erliegen, denn ihre hübschen Blütenblätter sind sternförmig unterteilt, so dass die Pflanze wunderbar auffällig ist.

Sie brauchen nicht viel Platz und Freizeit, um Erfolg mit Pelargonien zu haben. Viel beschäftigte Menschen, die keinen großen Garten haben und sich ihm nur widmen, wenn es ihre Zeit erlaubt, können trotzdem großen Erfolg haben und viel Freude an diesen Pflanzen finden.

Pelargonien sind selbst in einem winzigen Garten ideale Pflanzen, da es so viele Varietäten und Farbkombinationen gibt, mit denen Sie experimentieren können. Dazu gehören auch die Zwerg- und Miniaturformen, die alle eine erstaunliche Auswahl bieten. Wenn Sie Ihrem Garten eine Duftnote verleihen wollen, gibt es Varietäten mit allen möglichen Düften – und zwar so viele, dass der Garten eines wahren Fans aus allen Nähten platzen würde. In einem Antiquariat fand ich eine Ausgabe von Derek Cliffords Klassiker *Pelargonien, einschließlich der beliebten „Geranie“* (1958), die sogar nach Pelargonien roch. Der typische Geruch hatte sich unauslöschlich in dem Buch festgesetzt, da jemand abgeschnittene Stängel hineingelegt hatte, um sie zu bestimmen.

Duftende Vielfalt

Der Duft der Pelargonien ist aus vielen Gründen wichtig. Auf ihn gründet sich der Erfolg der Pflanzengruppe auf der ganzen Welt, denn er schreckt Insekten ab (ein paar Blätter der Duftpelargonie auf dem Esstisch vertreiben Fliegen) und sicherte so das Überleben der Pflanze auch in unwirtlichen Gegenden. Wenn für Sie das Aussehen am wichtigsten ist, so stehen manche auffällige Edelpelargonien mit ihrer Blütenpracht den Begonien in nichts nach.

Unabhängig von den Vorteilen einer Varietät haben Gärtner immer auch ihre persönlichen Lieblinge. Robuste Pflanzen wie 'Lord Bute' sind nach wie vor häufig zu finden, da man sich auf sie verlassen kann. Wie bei den anderen beliebten Gattungen *Clematis* oder *Rose* kommen und gehen die Varietäten ständig. Nicht alle neuen Pflanzen werden zu „Evergreens“, einige werden sich jedoch halten und so lohnt es sich durchaus, das Entstehen neuer Sorten im Auge zu behalten. Vielleicht finden Sie ja genau das Richtige, um Ihre eigene Sammlung zu vervollständigen!

Das Gärtnern mit Pelargonien macht nicht nur Spaß, sondern – viel wichtiger – es ist nicht schwer. Um Pelargonien im Freien anzupflanzen, brauchen Sie nur viel Sonne und Wasser. Solange sie Ihre Pflanzen mit diesen Grundlagen versorgen, machen Schädlinge den Pelargonien normalerweise nichts aus. Sie können sie auch im Haus oder im Wintergarten genießen, doch duften sie drinnen nicht so stark und die Pflanzen sind auch anfälliger für Krankheiten. In kalten Gegenden gelten Pelargonien als einjährige Pflanzen, da sie den Winter nicht überleben, doch lohnt es sich trotzdem sie anzupflanzen – schon wegen ihrer Farbe, den Blättern und ihrem Duft. Im Sommer können Sie Ableger nehmen oder aus Samen neue Pflanzen ziehen, doch nur der echte Samen der jeweiligen Art garantiert, dass die Pflanze der Mutterpflanze auch ähnlich sieht.

Züchtungen – alt und neu

Benannt von Robert Sweet um 1820 nach seiner eigenen Einteilung und Schreibweise

American First Lady	Eine nach amerikanischen First Ladys benannte Serie
Bold	Eine Serie von Zonalpelargonien, gezüchtet von John Gibbons (GB)
Brookside Varieties	Gezüchtet von Geoff Hopkins (GB)
Bruant-Sorten	Alte Varietäten, benannt nach Bruant von Poitier (Frankreich)
Carefree	Eine kommerzielle europäische und nordamerikanische Serie
Cobham Collection	Gezüchtet von H. F. Parrett aus Cobham, Kent (GB)
Deacons	Zwergzüchtungen, gezogen von Reverend Stringer (GB)
Double Dips	Züchtungen von Zonalepelargonien mit gefüllten Blüten
Eclipse	Kommerzielle Serie aus Holland im späten 20. Jh.
Fiat	Eine kommerzielle Serie, gezogen in Frankreich von Bruant
Flash	Kommerzielle Serie aus Nordamerika
Harlequin	Eine Serie aus den veredelten Serien 'Rouletta' und 'Rivers'
Hartsook Unique	Moderne Hybriden mit wunderschönen Blüten, gezüchtet von Francis Hartsook, Kalifornien, aus alten englischen Pflanzen
Hazel	Dennis Fielding zog diese Serie von Edelpelargonien, die er nach der Gegend in Manchester benannte, in der er lebte
Highfields	Eine Serie von Zonalpelargonien, gezüchtet von Ken Gamble (GB)
Irenes	Auch „American Irenes“ von Behringer (USA)
Langley-Smith Hybriden	Alter Name einiger von Langley-Smith gezüchteter Hybriden
Lilliputan zonal series	Verschwundene Miniaturpelargonien aus dem Sachsen des mittleren 19. Jh.
Maiden	Von Oglevee (USA) gezüchtete Serie
Merite	Warenzeichen der Züchter Merite in Wageningen (Holland)
Mosiac Ivy Leaf	Veredelte Serie kriechender Pelargonien mit mosaikähnlichen Blattadern
Norfolk Dwarfs	Zwergpflanzen, gezüchtet von F. G. Read Norfolk (GB)
Novelty Varieties	Dazu gehören die Zuchtsorten kaktusblütige Pelargonien, Stellar- und Startel-Sorten
Occold	Eine von Reverend Stringer aus Occold (GB) gezüchtete Serie
Unique	Serie alter Duftpelargonien, deren Blätter einen stechenden Geruch aufweisen (GB)

Pelargonien für jeden Platz

Pelargonien gedeihen in allen nur erdenklichen Pflanzbehältern, denn sie sind sehr vielseitige Gartenpflanzen und eignen sich für viele Standorte. Mit Einzelpflanzen können Sie besondere Akzente setzen, ganze Schwaden lassen den Garten üppig erscheinen.

Auf Treppen und an Mauern können Sie Pelargonien ideal präsentieren. Die von den Mauern reflektierte Hitze fördert das Wachstum der Pflanzen. Die Wirkung der Blüten hängt auch von der Farbe des Steins, des Mauerwerks oder des Pflasters im Hintergrund ab. Orange Blüten sehen herrlich vor honiggelbem Stein aus, rosa Blüten passen dagegen gut zum rosa Stuck der Mittelmeervillen. Schaffen Sie mit leuchtend roten Blüten einen Kontrast zu weißen Wänden oder pflanzen Sie sie vor dunkles Holz, denn so wirken sie wärmer.

Im Mittelmeerraum sind Pelargonien auf vielen Treppen, Vorsprüngen und Fensterbrettern zu finden. Leuchtende Blüten kämpfen um Platz, drücken sich durch Gitter oder baumeln aus Hängeampeln herab. Durch dieses farbenfrohe Band gehen Haus und Garten fast fließend ineinander über.

Wunderbar sehen mehrere dicht beieinander stehende Pelargonien in großen Blumenschalen aus, Einzelpflanzen kommen auf einer Terrasse oder an einem Uferplatz gut zur Geltung. Sie vertragen sich gut mit *Helichrysum petiolare*, deren weißlich blaue oder gelbe Blüten gut zu ihnen passen. Varietäten mit dunklen Blättern sehen gut neben *Phormium* sp. oder *Ophiopogon planiscapus* 'Nigrescens' aus.

Links *Einzelpflanzen kommen in Wandtöpfen gut zur Geltung, doch müssen sie täglich gegossen werden, damit die gewünschte Wirkung anhält.*

Rechts *Im Halbschatten sorgen Pelargonien für Farbe. Sie brauchen dann weniger Wasser.*

Links *Verschiedenfarbige Pelargonien in Töpfen wirken besonders schön auf Vorsprüngen, Fensterbrettern und Treppen.*

P. 'Rouletta'
Links *Eine Kombination von Rot und Rosa erreichen Sie mit dieser prächtigen 'Rouletta'. Die Kletter- oder auch Hängepflanze wächst hier zusammen mit Rosen, Brennende Liebe (Lychnis coronaria) und rosa Sauerklee.*

P. 'Bright Red Cascade'
Oben *Diese Efeupelargonie wirkt wie ein Wasserfall in Rot, wie ihr Name schon sagt.*

P. 'PELFI Diabolo'
Oben *Die typischen „Geranien" in Töpfen auf Treppen sorgen in den Sommermonaten für lebendige Farbtupfer. Je heißer es wird, umso schöner sehen sie aus.*

Efeupelargonien kommen wunderbar in Pflanzkübeln zur Geltung. Ihre hübschen Blüten fallen ab, wenn sie verblüht sind – sie sind also weniger arbeitsaufwändig als Pflanzen, deren Blüten man abschneiden muss. Zonale Stellar-Sorten und Zwerg-Stellar-Sorten sehen in kleinen Töpfen besonders gut aus, denn dort kann man sie leicht mit anderen Pflanzen kombinieren. Auch die ganze Palette von Zwerg- und Miniaturpflanzen eignet sich für Blumentöpfe. Zwergpflanzen können Sie in kleine Töpfe und Behälter setzen und sie dann z.B. auf Fensterbretter stellen. Sie bringen Farbe dorthin, wo sie benötigt wird. Außerdem sind kleine Töpfe transportabel, so dass Sie sie auch einmal woanders hinstellen und so verschiedene Kombinationen schaffen können. Die Gartenarchitektin Gertrude Jekyll lockerte langweilige Rabatten oder Beete gerne mit leuchtend bunten Pelargonien in Blumentöpfen auf.

Hängekörbe und Wandtöpfe

Wegen ihres üppigen Laubes und ihren prachtvollen Blüten in vielen verschiedenen Farben sind Pelargonien hervorragende Hängepflanzen. Fast alle Pelargonien kann man in einen Hängekorb setzen. Eine Ausnahme bilden lediglich sehr kleine Arten, die leicht überwuchert werden, wenn sie mit anderen Pflanzen in einem Hängekorb wachsen. Die hängenden Arten gehören zu den Efeupelargonien. Balkone in Süddeutschland, Österreich und der Schweiz eignen sich besonders für die hängenden Pelargonien, welche dort sehr beliebt sind. Man kann sie alle kaufen oder aus Ablegern ziehen und dann in die Körbe pflanzen. Dort gedeihen sie dann hervorragend.

Kleinere Pelargonien, wie Angel-Pelargonien, einige Duftpelargonien und Zwergefeupelargonien, können Sie gut in Körben ziehen.

P. 'Mini Rose Cascade'
Links *Efeupelargonien wie auf diesem Foto aus der Slowakei lassen diesen dunklen Fensterrahmen heller wirken.*

***Pelargonium* 'Mini Red Cascade' und 'Deacon Birthday'**
Unten *Pelargonien schmücken hier ein Fenster in den französischen Cévennen. Ihre Formen und Farben kann man dann während der Mittagspause betrachten.*

Hängen Sie den Korb wenn möglich in Augenhöhe auf, so dass Sie Farbe, Form und Duft Ihrer Pflanzen auch genießen können.

Wenn Sie Ihren Hängekorb sorgfältig pflegen, wird er sich mit einer wahren Farbexplosion bedanken. Damit die Pflanzen immer gut aussehen, müssen Sie sie häufig gießen (Hängekörbe trocknen nämlich schnell aus). Pelargonien in Hängekörben haben vor allem den Vorteil, dass sie wärmere Bedingungen haben als am Boden. Außerdem kann man sie an andere Orte transportieren und ihnen so bessere Lebensbedingungen bieten. Sie sind auch weniger anfällig für Krankheiten.

Einige fantastische Beispiele für Pelargonien in Körben gibt es in Kalifornien, denn im mediterranen Klima dieser Gegend können viele Pflanzen den Winter überleben. Im kühleren europäischen Klima gelingt dies nicht immer, deshalb müssen Sie im Frühjahr die abgestorbenen Pflanzen durch neue Pflanzen ersetzen.

P. 'Amethyst'
Oben *Diese gefüllte rosa Pelargonie gedeiht hervorragend auf einem Fensterbrett in Tschechien. Sie muss jedoch gut gegossen werden.*

P. 'Acapulco' und 'Bright Red Cascade'
Oben *Auf der Mittelmeerseite des französischen Zentralmassivs in einer Höhe von etwa 1000 m ist der Sommer heiß genug für die Efeupelargonien in einem Blumenkasten. Einen hübschen Kontrast bilden die üppigen Hortensien.*

P. 'Ville de Paris Pink'
Oben *Obwohl sie normalerweise unter diesem Namen verkauft wird, heißt diese Pflanze offiziell* P. *'Hederinum'. Der neue Name wird ihren efeuartigen Blättern eher gerecht. Egal, wie Sie sie nennen – hier ist die Pflanze in einer antiken Vase in Südfrankreich hervorragend in Szene gesetzt.*

P. 'Sybil Holmes'
Links *Typisch für diese Efeupelargonien Züchtung sind dichte Büschel gefüllter rosa Blüten, die wie Rosenknospen aussehen. Die rosa Kugeln sehen einfach fantastisch aus.*

Pelargonien-arten

Pelargonienarten sind bei Gärtnern auf der ganzen Welt beliebt. Ihre unverfälschten Gene bringen mit sich, dass diese Pflanzen winterhart und relativ leicht zu ziehen sind. Wie viele Pflanzenarten haben sie den Vorteil, dass sie nur selten von Schädlingen und Krankheiten befallen werden, die einige Zuchtsorten angreifen. Für so gut wie jeden Garten gibt es die passende Pelargonienart. Ob Sie nun Pflanzen als Bodenbedeckung, Sträucher wegen ihres Laubes oder einfach nur eine bunte Blume wollen – eine Pelargonienart könnte hier die Lösung sein. Die folgenden Seiten erklären, woher diese Pelargonien kommen und wie Sie den besten Nutzen aus ihnen ziehen.

P. stenopelatum
Oben *Der zweite lateinische Name dieser Art deutet auf die „schmalen Blütenblätter" hin. Typisch ist die Blütendolde mit ihren leuchtenden Einzelblüten.*

P. rodneyanum
Rechts *Diese Pflanze wurde ursprünglich 1836 im Weideland Australiens gesammelt. Ihre hellrosa Blüten stehen in einer Dolde über der Pflanze.*

Einführung

Viele Pelargonienarten sind recht winterhart und bringen zuverlässig attraktive Farben, hübsche Formen und manchmal auch interessante Düfte in den Garten.

Pelargonien kommen in zehn Regionen der Welt in der Natur vor. Ihr größtes Verbreitungsgebiet zieht sich von der Küste Namibias in Südwestafrika mehrere Hundert Kilometer landeinwärts, verläuft dann nach Süden durch den Großteil Südafrikas und erstreckt sich weiter in einem breiten Band entlang der Ostküste Afrikas nach oben. Der Großteil von Mosambik und Somalia gehört jedoch nicht dazu. Dieses Band zieht sich dann durchgehend nach Norden bis an den Golf von Aden, wo auf der Nordseite des Golfs – in Jemen, Südjemen und Saudi-Arabien – ein weiteres wichtiges Pelargoniengebiet liegt.

Das zweitgrößte Pelargoniengebiet liegt in Australien und erstreckt sich durch den gesamten südlichen Teil des Kontinents mehrere Hundert Kilometer landeinwärts. Neuseeland hat einen großen natürlichen Lebensraum im Norden der Nordinsel. Darüber hinaus gibt es zwei Gegenden im Südatlantik, in denen zwei Pelargonienarten zu Hause sind, St. Helena und Tristan da Cunha. Es gibt noch drei weitere Verbreitungsgebiete: eine Gebirgsregion, die das Schwarze Meer mit dem Mittelmeer verbindet und ganz in der Türkei liegt, und eine abgelegene Gegend im Grenzgebiet zwischen dem Nordirak, der östlichen Türkei und dem östlichen Iran. An der Südspitze Madagaskars wachsen ebenfalls wilde Pelargonien. Diese Regionen bieten zwar einen geeigneten natürlichen Lebensraum, doch hat einigen von ihnen der Mensch arg zugesetzt.

Etwa 80 Prozent aller Arten kommen im südwestlichen Teil Südafrikas vor, wo es nur im Winter regnet. Die Niederschlagsmenge hängt von der jeweiligen Region und ihrer Höhe über dem Meeresspiegel ab. Pelargonien sind sowohl in Regionen zu finden, in denen nur 100 mm Niederschlag pro Jahr fallen, zugleich aber auch in Gegenden mit über 750 mm Niederschlag pro Jahr. Wenn es dort nicht regnet, ist es heiß und trocken – Südafrika ist also ein idealer Lebensraum für sukkulente Pelargonien.

P. fulgidum
Links P. fulgidum *stammt aus Südafrika. Sie wächst am Meer und mag sandigen Boden. Die Blätter sind immergrün, ihre Blüten stehen in Dolden weit über der Pflanze.*

P. 'Mrs Stapleton'
Gegenüber *Ihre Blüten bringen Abwechslung mit dem satten Rosa und braunen Flecken. Sie wachsen verschwenderisch auf langen Stängeln.*

Mittelmeerklimata

Pelargonien haben sich auch in anderen Regionen mit mediterranem Klima angesiedelt, doch gibt es zwei große Regionen, in denen noch nie einheimische Pelargonien in der Natur vorkamen: Dies sind die Küsten der Mittelmeerländer (außer der Türkei) und die Küste Südkaliforniens. Dennoch finden sich dort Gärten mit Pelargonien und einige der angepflanzten Pelargonien haben ihren Weg in die freie Natur gefunden.

Lateinische Namen

In diesem Abschnitt geht es um die echten Arten, die zwei lateinische Namen haben, wie z. B. *Pelargonium zonale* (*P. zonale*). Der zweite lateinische Name beschreibt die Art oft näher, vor allem ihre Blätter. So hat zum Beispiel *P. zonale* Farbmale oder Flecken auf ihren Blättern, *P. hirstum* hat haarlose Blätter, *P. schizopelatum* gefiederte, *P. longifolium* lange Blätter und die Blätter der *P. coriandrifolium* ähneln denen des Koriander. Manche Arten sind nach Personen benannt, wie z.B. *P. barklyi* nach dem Gouverneur des Kaps der Guten Hoffnung, und *P. bowkeri*, die nach dem Naturforscher benannt wurde, der sie entdeckte.

Pelargonienarten in der Gartenpraxis

Die meisten Pelargonienarten sind winterhart, wachsen zuverlässig und leiden nur selten unter Schädlingen und Krankheiten. Sie entstanden nicht durch Züchtung, ihr Wuchs wurde also nicht durch weniger kräftige Gene beeinträchtigt. Diese wild wachsenden Pflanzen sind nicht besonders groß oder auffällig, doch bieten sie eine zuverlässige Bodenbedeckung. Als Bodenbedeckung oder Kriechpflanzen eignen sich *P. alchemilloides* oder *P. peltatum,* aber auch Sukkulenten wie *P. carnosum* und *P. crithmifolium. P. schizopetalum* und *P. appendiculatum* haben unterirdische Knollen. Die regulären Sorten der *P. zonale* und der *P. cucullatum* sind strauchige Pelargonien.

Manche Arten sehen nicht wie typische Pelargonien aus. *P. betulinum* hat weit ausladende Stängel und Blätter, die denen der Birke ähneln. Wieder andere Arten gefallen durch ihre ungewöhnlichen Blüten, wie z.B. *P. fulgidum* mit ihren langen Blütenstielen und roten Blüten. Die Blüten der *P. triste* duften in der Abenddämmerung aromatisch. All diese Pelargonien können Sie im Topf oder in einer kleinen Rabatte anpflanzen.

P. 'kewensis'
Links *Eine Hybride namens 'kewensis' mit einer großen Dolde aus leuchtend roten Blüten. Diese steht über den Blättern mit einer hellgrünen Mitte. Der Beiname „Hybride" bedeutet, dass es sich hier um keine echte Art handelt.*

P. fulgidum
Links *Hier haben Blütenblätter eine völlig ungewöhnliche Farbe. Auch die Form der Blüten ist ausgefallen.*

P. inquinans
Unten *Diese wichtige Art ist ein Elternteil der modernen Zonalpelargonien (*P. x hortorum*), der andere Elternteil ist* P. zonale. *Die Pflanze ist sehr wuchskräftig.*

Efeupelargonien

Durch ihre attraktive Blattform sind die Efeupelargonien überall im Garten willkommen. Vor allem die Miniaturformen mit ihren winzigen Blättern sind für Blumentöpfe und -ampeln sehr reizvoll.

Efeupelargonien werden nach Blüten, Blättern oder Zuchtform eingeteilt: Man unterscheidet Einzelblüten oder gefüllte Blüten, Rosetten, buntblättrige und Efeupelargonien-Hybriden, die aus einer Kreuzung zwischen *P. peltatum* und *P. hortorum* entstanden sind, wie z. B. 'Millfield Gem' (vormals 'Alliance' und 'Victory'). Weitere Beispiele für die einzelnen Gruppen sind 'L'Elégante' (Einzelblüten), 'Snowdrift' (gefüllte Blüten), 'Beauty of Eastbourne' (Rosette) und 'Duke of Edinburgh' (buntblättrig). Die etwas altmodische 'L'Elégante' kommt in einem Hängekorb besonders schön zur Geltung.

Viele kriechende Pelargonien stammen von Varietäten der *P. peltatum* ab, die in der Kapprovinz von Südafrika natürlich vorkommt. Eine der Varietäten der *P. peltatum* ist *clypeatum* (das heißt sehr feinbehaart oder flaumig), die zur Züchtung vieler heutiger kriechenden Pelargonien herangezogen wurde.

***P.* 'Harlequin Mahogany'**
Oben *In der Harlequin-Serie der Efeupelargonien gibt es einige interessante Züchtungen, bei denen Rot neben Rosa und Weiß vorkommt. Die Blütendolden stehen nahe beieinander, so dass üppige Blumen entstehen, die wundervoll in Hängekörben aussehen.*

***P.* 'Millfield Gem'**
Rechts *Diese Zwergform einer Efeupelargonie trägt viele rosa Blüten mit einem zarten Hauch von Purpur am Grund der Blütenblätter.*

Die Gartenarchitektin Gertrude Jekyll gestaltete mit ihr ein typisches Farbschema und verwendete sie als fröhliche Farbflecken in einer Blumenrabatte. Sie pflanzte auch eine zur damaligen Zeit neue Varietät, 'Mme Crousse', neben Wegen in Rabatten. Ihre Arbeit mit Pelargonien verdeutlichte Jekylls Geschmack: Sie fand, dass leuchtende Züchtungen einfach in den Garten gehören. Für sonnige Stellen im Garten empfahl Jekyll zwei Jahre alte Pelargonien in Töpfen, damit der Garten noch farbiger wird.

P. 'l'Elégante'
Oben links *Wenn die Pflanzen nicht gegossen werden, werden ihre Blattränder rosiger.*

P. 'Harlequin Miss Liverbird'
Oben *Typisch für diese Zuchtsorte sind kleinere Blütendolden in einem helleren Rosa mit etwas mehr Weiß auf den Blütenblättern.*

P. 'Harlequin Ted Day'
Oben *Die großen Dolden eignen sich gut für Hängekörbe. Das volle Tiefrosa hat kleine weiße Flecken.*

Dass Jekyll Zonalpelargonien und Efeupelargonien in Rabatten verwendete, war etwas ganz Neues. Für den Hintergrund der Rabatte nahm sie damals 'Paul Crampel', da diese Pflanze so hoch war (man nannte sie auch 'Meteor'). Heute bilden neue Züchtungen wie PACs und PELFIs schon früh Seitentriebe; dadurch werden die Pflanzen buschiger und kürzer.

Kriechende Pelargonien klettern auch, wenn man sie abstützt. Die fantastischen gefüllten Blüten der 'Rouletta' sehen hübsch an einer Mauer aus, die Blüten der 'Harlequin Mahogany' sind dagegen üppiger. Viele Pelargonien lassen sich durch *Helichrysum petiolare* ergänzen. 'Rio de Balcons Red', 'Carl Red Balcony' und 'Swiss Balcony' begeistern mit ihren Blütenkaskaden.

'Cascade de Feu' und 'Decora Imperial' bringen jeden Fensterkasten zum Leuchten. An einer Mauer sehen sie ebenfalls wunderschön aus.

Heute gibt es viele Zwergformen der Efeupelargonien, die sich hervorragend für Hängekörbe eignen, wie z. B. 'Santa Paula', 'Snow Queen' und 'Tomboy'. Das leuchtendste Rot haben 'Red Blizzard' und 'Leuche-Cascade', das zarteste Rosa 'Sophie Cascade' oder 'Rose Mini Cascade'. In jüngster Zeit brachte eine Serie von Efeupelargonien aus Ostdeutschland, die PAC Serie, mit der 'PAC Evka' eine interessante Abwechslung in die Blattfarbe. Ihre Blätter haben einen beigen Rand, die kompakte Pflanze lässt leuchtend rote Blütendolden herabfallen.

Wenn Sie das Gießen vergessen, kann das eine interessante Wirkung haben. Der Wassermangel verursacht Stress bei der Pflanze und verändert die Pigmente im Blatt, so dass sich statt Grün attraktive Rosatöne zeigen, vor allem an den Blatträndern. Dieses Phänomen lässt sich z. B. bei *P.* 'L'Elégante' beobachten.

***P.* 'PELFI Helle Cascade'**
Links *Das tiefe Dunkelrot ist typisch für diese Züchtung, die üppig blüht und gut in Fensterkästen gedeiht.*

P. PELFI 'Lila Cascade'
Links *Diese Efeupelargonie verträgt Temperaturen von bis zu 2 °C.*

P. 'Sofie Cascade'
Oben *Die schmalen Blütenblätter haben dünne dunkle Adern an ihrem Grund, jedes hellrosa Blütenblatt ist an der Spitze eingekerbt.*

P. 'Roi de Balcons Red'
Links *Die Efeupelargonie heißt manchmal auch* P. *'Hederinum' und ist wie andere dieser Serie lila oder rosa gefärbt.*

P. 'Red Blizzard'
Rechts *Das schöne dunkle Rot dieser Blütenblätter gehört zu leuchtendsten Rottönen, die man in einen Hängekorb oder eine Fensterkasten präsentieren kann.*

Duftpelargonien

Es macht großen Spaß duftende Pelargonien zu ziehen und mit ihnen duftende Oasen zu gestalten. Jede einzelne bringt ihren ganz typischen Geruch hervor.

Schon die Aufzählung der verschiedenen möglichen Duftnoten der Pelargonien ist betörend: Rose, Aprikose, Kiefer, Citrus, Lavendel, Muskat, Schokolade, kölnisch Wasser, Apfel, Minze und Erdbeere! Die Sorte 'Jello' riecht tatsächlich nach einem Fruchtgelee-Nachtisch!

Jede Art hat ihren ganz eigenen Duft. Es gibt etwa 100 Duftpelargonien, darunter mindestens ein Dutzend duftende Arten. Viele echte Duftpelargonien sind eigene Pelargonienarten, wie z. B. die Apfelpelargonien *(P. odorissimum)* oder die nach Rosen duftende *P. graveolens*, aus der viele Duftöle gewonnen werden. Duftpelargonien werden nach folgenden Duftrichtungen unterteilt: Rose, Minze, Citrus, Frucht, Nuss und stechend riechend. Die Duftpelargonien, die keine echten Pelargonienarten sind, lassen sich sehr locker in folgende Gruppen einteilen: Duftpelargonien mit ganzen oder gelappten Blättern und Duftpelargonien mit gefiederten oder mehrfach gefiederten Blättern. Zur ersten Gruppe gehören z. B. *P. variegatum* 'Crispum', *P.* 'Lady Mary' und *P.* 'Brunswick'. Zur zweiten Gruppe gehören *P.* 'Joy Lucille' und *P. denticulatum* 'Filicifolium'. *P.* 'Attar of Roses' und *P.* 'Lady Plymouth' haben stark gelappte Blätter. Es gibt einige sehr attraktive gescheckte Sorten, darunter *P.* 'Lady Plymouth', *P. crispum* 'Variegatum' die *P. fragrans*-Gruppe und *P.* 'Creamy Nutmeg'.

Am besten platzieren Sie die Pflanzen dorthin, wo Sie ihren Duft häufig genießen können – z. B. am Wegrand, wo Sie sie im Vorbeigehen streifen, so dass die Blätter ihren Duft verströmen können, oder auf ein Holzdeck oder einen Tisch bei der Hintertür, wo Sie ab und zu ein Blatt abzwicken können.

Alle Varietäten haben duftende Blätter, doch eine hat auch duftende Blüten: Die *P. triste* duftet nachts und ist trotz ihres traurigen Namens eine wunderschöne

Duftpelargonien

Dies ist eine ausgewählte Liste der besten Duftpelargonien mit einer Beschreibung ihres Duftes. Düfte lassen sich nur sehr schwer beschreiben, doch bei den Pelargonien sind sie wenigstens anhaltend. Nicht für alle Namen gibt es deutsche Übersetzungen, falls vorhanden sind diese jedoch angegeben.

Art (lateinischer Name)	Deutscher Name	Duftende Pflanzenteile	Beschreibung des Duftes
P. 'Ardwick Cinnamon'		Blätter	Zimt
P. 'Atomic Snowflake'		Blätter	Kölnische Minze
P. 'Attar of Roses'		Blätter	Zitrone
P. 'Camphor Rose'		Blätter	Kampfer
P. capitatum	Rosenduftpelargonie	Blätter	Rose
P. 'Chantilly'		Blätter	Orange
P. 'Chocolate peppermint' (syn. 'Chocolate Tomentosum'	Pfefferminz-pelargonie	Blätter	Schokominze
P. 'Concolor Lace'		Blätter	leicht nach Haselnuss
P. 'Creamy Nutmeg'	Muskatpelargonie	Blätter	Muskat, Kiefer
P. Crispum Major		Blätter	Zitrone
P. 'Deerwood Lavender Lad'		Blätter	Lavendel
P. fragrans		Blätter	Kiefer
P. graveolens	süß duftende Pelargonie	Blätter	Orange, Zitrone
P. grossularoides	Kokospelargonie	Blätter	zitronig
P. 'Jello'		Blätter	amerikanisches „jello“ (Nachtisch)
P. 'Joy Lucille'		Blätter	würzige Rose
P. odoratissimum	Apfelpelargonie	Blätter	Apfelminze
P. 'Rober's Lemon Rose'		Blätter	Geleefrüchte
P. 'Triste'		Blüten	Moschus

P. 'Creamy Nutmeg'
Oben *Die zweifarbigen Blätter zeigen, warum diese Züchtung mit kleinen weißen Blüten so beliebt ist. Man nennt sie auch 'Variegated Fragrans'.*

P. 'Joy Lucille'
Links *Die Blätter dieser größeren Duftpelargonie sind mindestens fünffach gelappt.*

P. *denticulatum* 'Filicifolium'
Rechts *Diese Pflanze wurde nach ihren sehr schmalen Fiederblättern benannt und hat kleine hellpurpurne Blüten.*

P. 'Crispum Variegatum'
Oben *Auch 'French Lace' oder 'Variegated Prince Rupert' genannt hat diese Pflanze eigenwillig geformte, duftende Blätter. Sie eignet sich gut für eine Sommerrabatte.*

P. 'Attar of Roses'
Rechts *Diese Sorte hat hellgrüne Blätter, die bei Berührung einen vertrauten Rosenduft verströmen. Die hellen rosa bis purpurroten Blüten sind klein und stehen in kleinen Gruppen.*

Pflanze. Der Ruf der Duftpelargonien beruht jedoch größtenteils auf ihren Blättern. Sie haben dabei die Wahl unter vielen verschiedenen Blattformen: winzige gewellte Blätter, fein gefiederte Farnwedel, eichenblattähnliche oder spitze Blätter. Die großen Blätter der *P.* 'Chocolate Peppermint' sind schokoladenfarbig und verströmen den Minzeduft, der ihnen auch ihren Namen gab.

Diese große Vielfalt an Düften zeigt, wie vielseitig diese Pflanzen sind, die sich in der freien Natur mit ihrem Duft vor Pflanzenfressern schützen. Es ist daher auch nicht überraschend, dass Duftpelargonien nicht von Blattschädlingen befallen werden, denn sie schrecken viele Insekten ab.

Duftpelargonien können Sie vielseitig verwenden. Pflanzen Sie eine oder zwei Einzelpflanzen oder auch ganze Gruppen an Eingänge oder Ecken, so dass Sie herrliche Blätter in unzähligen Formen und Farben erhalten. Duftende Arten sind gerade in Pflanzgefäßen sehr praktisch, da man sie im Garten an verschiedene Plätze stellen und diese so mit ihrem Aroma bereichern kann. Einige größere Varietäten wie *P.* 'Chocolate Peppermint' oder *P.* 'Royal Oak' können einen Durchmesser von bis zu 1 m erreichen. Diese können Sie in den Sommermonaten auch in Rabatten setzen, so dass sie sich mit anderen Pflanzen mischen können. In sehr kaltem Klima holen Sie sie jedoch zum Überwintern ins Haus.

***P.* 'Robers Lemon Rose'**
Oben *Im Vergleich zu vielen anderen Duftpelargonien sind ihre hellrosa Blüten ziemlich groß. Die Pflanze duftet intensiv nach Zitrone und wird etwa mittelgroß. Sie ist eine ideale Topfpflanze auf einer Terrasse oder einem Holzdeck.*

***P.* 'Chocolate Peppermint'**
Links P. *'Chocolate Peppermint' heißt auch 'Bronze Tomentosa' oder häufiger 'Chocolate Tomentosum' und duftet nach Pfefferminze, nicht nach Schokolade. Hier wächst sie zusammen mit der 'PAC Rose Evka' mit ihren rosa Blüten.*

P. 'Prince of Orange'
Links *P. 'Prince of Orange' ähnelt stark einer Efeupelargonie.*

P. 'Madame Auguste Nonin'
Oben *Die Blüten sind wie die einer Zwerg-Edelpelargonie angeordnet, ihre Blütenblätter sind rot und weiß.*

P. 'Brunswick'
Links *Hier sind kräftige rote Blüten mit einem deutlichen dunklen Muster in der Mitte der Blütenblätter typisch.*

P. 'Attar of Roses'
Rechts *Diese gefällige Züchtung wächst in einem gemäßigten Winter auch draußen oder kann in einem Gewächshaus oder Wintergarten überwintern. Sie breitet sich sehr schnell aus, und wird eine ausdauernde Pflanze.*

Zonal-pelargonien

Zonalpelargonien sind die typischen leuchtenden Gartenpelargonien, die wir alle kennen. Sie eignen sich für Blumentöpfe im Haus, Fensterkästen, Hängekörbe oder Rabatten. Gerade weil sie so vielseitig sind und schnell wachsen, sind sie so beliebt. *P.* 'Deacon Birthday'. 'PELFI Noblesse' und die Zwergpflanze 'Reverend Stringer' gedeihen hervorragend im Garten. Es gibt sie in vielen verschiedenen Sorten, doch werden sie alle durch ganz bestimmte Merkmale als Zonalpelargonien charakterisiert. Normalerweise sind sie aufrecht stehende Pflanzen mit steifen sukkulenten Stängeln und ziemlich runden Blättern. Sie haben entweder Einzelblüten, halb gefüllte oder gefüllte Blüten.

***P.* 'Green Ears'**
Oben *Eine zonale Stellar-Sorte mit tief eingeschnittenen Blättern und Blüten. Sie gedeiht gut im Garten und blüht ausdauernd.*

***P.* 'Vina'**
Rechts P. *'Vina' ist eine Zwergpflanze und hat aprikosenfarbige Blüten mit bräunlichen Blättern.*

Blattmuster

Der typische Farbring auf dem Blatt der Zonalpelargonien ist besonders auffällig. Im Allgemeinen verläuft er gleichmäßig auf dem herzförmigen Blatt. Bei manche Varietäten kann er sich bis in die Blattmitte ausdehnen.

Der Farbring – ob hell oder dunkel, schmal oder breit – bildet einen wirkungsvollen Kontrast zum Blattrand, der grün, weiß oder beige sein kann. Je dunkler der Farbring ist, umso heller erscheint der Randbereich. Dies legt die Theorie nahe, dass dieses Muster zur Tarnung der Pflanze dient, denn es bricht den Umriss des Blattes auf und hält so in der Natur grasende Tiere ab. Den Pflanzenfreunden aber dient dieses Farbmuster der auffälligen und wunderschönen Zonalpelargonien zum Schmuck ihres Gartens.

Zu den bekanntesten Zonalpelargonien gehören 'Frank Headley', 'Dolly Varden' und 'Mrs. Henry Cox'. Es ist kein Zufall, dass in England viele erstklassige Zonalpelargonien mit dem angesehenen Award of Garden Merit (AGM) ausgezeichnet wurden, den die Royal Horticultural Society in London für herausragende Pflanzen verleiht. 'Betwixt' ist eine ungewöhnliche Züchtung für den Garten, da sich ihre Blätter am Rand nach oben biegen, so dass man meinen könnte, die Pflanze sei krank. Sie ist jedoch eine kräftige Pflanze mit vielen roten Blüten.

Die Farbringe des Pelargonienblattes sind manchmal sehr blass wie bei 'Susie Q' oder bei 'Crystal Palace Gem'. Sie können auch sehr dunkel sein wie bei 'Mrs. Farren', 'Bronze Corinne' (bräunlich) oder 'Marechal MacMahon'. Manchmal sind die dunklen Ringe rot getönt wie bei 'Dolly Varden' oder 'Contrast'. Ein interessantes grünes Farbmuster mit hellbeigen Rändern weisen 'Mrs. J.C. Mapping', 'Hills of Snow', 'Ivory Snow', 'Madame Salleron', 'Madame Butterfly' sowie 'Mont Blanc' auf. Die weißen Blattränder dieser schönen Zonalpelargonien-Züchtungen werden oft schon durch ihre Namen angedeutet.

P. 'Mont Blanc'
Oben *P. 'Mont Blanc' ist eine reizvolle Zwergpflanze mit ungefüllten weißen Blüten.*

P. 'Dolly Varden'
Links *In Pflanzbehältern werden die rosa und roten Formen von P. 'Dolly Varden' hervorragend zur Geltung kommen.*

P. 'Susie Q'
Links *Die apfelgrünen Blätter von* P. *'Susie Q' sind groß und gleichmäßig geformt. Die Einzelblüten sind ebenfalls groß und lachsrot. Die Pflanze sieht wunderschön aus, wird etwa 30 cm hoch und 30 cm breit und eignet sich ideal für Fensterkästen oder die Terrasse.*

P. 'Madame Butterfly'
Oben *Diese bunte Züchtung besticht vor allem durch die Reinheit ihrer Farben: Die silbrig gescheckten Blätter bilden einen schönen Kontrast zu den dunkelroten gefüllten Blüten.*

P. 'Mrs. Farren'
Rechts *Vor 50 Jahren trugen über 50 Pelargonien den Beinamen 'Mrs.' heute sind etwa die Hälfte dieser Pflanzen verloren gegangen.*

P. 'Mrs. J. C. Mappin'
Links *Weiße Blüten mit einem rosa Auge ergänzen hier das silbrig gescheckte Laub.*

Buntblättrige Pelargonien

Die Blattform und -farbe der buntblättrigen Pelargonien variiert von Natur aus oder ist durch Züchtung bedingt. Einfach fantastisch sehen die goldblättrigen Sorten aus.

Da sich bei der Bestäubung genetisches Material vermischt, bilden Pflanzen auf ganz natürliche Weise verschiedene Farben aus. Weitere Farbvariationen entstehen, wenn Pflanzenexperten auf der Suche nach etwas Ungewöhnlichem sind.

So versuchten die Züchter im viktorianischen Zeitalter, mehr Pelargonien mit Goldrand zu züchten. Als eine der ersten wurde 'Golden Chain' etwa ab 1820 in Großbritannien gezüchtet und galt als eine Spielart *der P. inquinans*. Ab der Mitte des 19. Jahrhunderts entstanden zwei weitere wichtige goldblättrige Pelargonien: 'Mrs Pollock' und 'Lady Cullum' wurden beide aus der 'Golden Tom Thumb' gezüchtet. Von da an waren goldene und bronzefarbene Zuchtsorten groß in Mode.

Mit dem Begriff „goldene Dreifarbigkeit" werden manchmal goldene Pflanzen bezeichnet, die insgesamt drei Farben haben, d. h. goldene und grüne Blätter und farbige Blüten. 'Golden Brillantissimum' ist schon lange sehr beliebt. Gelb und Bronze ist schon allein sehr auffällig und wird z. B. durch scharlachrote Blüten noch mehr betont. 'Freak of Nature' ist eine bizarre Pflanze, auf deren Stängeln Blätter mit weißen Flecken sitzen, die aussehen als ob man sie mit Farbe bespritzt hätte, andere Blätter sind dagegen grün. 'Bristol' und 'Mrs. Strang' haben grüne Blätter mit gelbem Rand. 'Mr. Henry Cox' mit rot-bräunlichen Farbmalen ist eine robuste Pflanze, dicht gefolgt von 'Bronze Corinne' und 'Contrast'.

In Nordamerika entstanden viele goldblättrige Stellar-Sorten. 1986 entwickelte Ian Gillam in Kanada 'Vancouver Centennial' für die Weltausstellung. Später schuf er noch 'Golden Ears' und 'Mrs. Pat'. In den USA wurden außerdem 'Green Gold Kleiner Liebling', 'Peppermint Star' und 'Rusty' gezüchtet. Aus England stammen ebenfalls viele atemberaubende goldblättrige Pelargonien, darunter Ray Bidwells 'Chattisham' oder 'Elmsett' und 'Holbrook'.

P. 'Mrs. Strang'
Oben P. *'Mrs. Strang' ist eine alte und etablierte Züchtung – seit 1880 bekannt – und besitzt wegen ihrer Blattfarben die „goldene Dreifarbigkeit". Sie trägt gefüllte orange Blüten, die einen schönen Kontrast zu den hellen honiggelben Blättern bilden.*

P. 'Mr. Henry Cox'
Rechts *Die fröhlichen Farbmuster scheinen wie auf einer Palette entstanden zu sein. Die Blüten sind klein und haben blassrosa Blütenblätter, die oft eingekerbt sind.*

Zonalpelargonienblüten

Zonalpelargonien lohnen sich nicht nur wegen ihrer auffälligen Blätter, sie bilden auch wunderschöne Blüten in verschiedenen Farben aus. Durch die Klimaerwärmung können Gartenliebhaber in gemäßigten Breiten nun auch mit mediterranen Pflanzen im Garten experimentieren.

Pelargonien mit orangen Blüten sind meistens zonale Pflanzen. Sie sind auffällig und sehr beliebt im Garten. Ihre Blütenfarben erstrecken sich von zartem Lachsrot wie bei 'Orange Splash' bis zu lebendigen, feurigen, schon fast roten Orangetönen, wie bei der 'Maloja'. Zur orangen Farbgruppe gehören auch einige Zuchtsorten mit Einzelblüten wie 'Gazelle' und mit halb gefüllten Blüten wie 'Diana Palmer' oder 'Elizabeth Angus' mit ihren großen hängenden Blüten.

Es gibt drei ungewöhnliche orange Pelargonien: 'Els' mit akeleiähnlichen Blättern (Formossum-Hybriden mit fingerartigen Blättern) und sternförmigen Blüten; 'Maloja' mit gewundenen Blütenblättern, so dass die Blüte einer Rose oder Kamelie ähnlich sieht; und 'Orange Splash' aus der neuen Pelargonien-Generation. Ihre Blütenblätter haben eine Vielzahl unregelmäßiger Spritzer, Streifen und Flecken. Sie sollten immer verschiedene Farben kombinieren. Weitere orange Pelargonien sind 'Deacon Coral Reef', 'Meadowside Orange', 'Orangesonne' und 'PELFI Tango Orange'.

P. 'Gazelle'
Oben *Bei dieser buntblättrigen Pelargonie stehen hell orange Einzelblüten auf großen runden Dolden über den dunkelgrünen zonalen Blättern.*

P. 'Els'
Links *Ihre Blütenblätter sind schmal und manche Staubblätter sind petaloid (sie sehen wie Blütenblätter aus). Die Fiederblätter haben eine schwarze Mitte.*

P. 'Elizabeth Angus'
Links *Eine Zonalpelargonie mit großen orangen Blüten auf großen Dolden. Ihre Blätter sind mittelgrün.*

P. 'Maloja'
Rechts *Die Blütenblätter dieser orangen Blüten sind groß und gewellt – und daher einzigartig. Diese Zuchtsorte stammt aus der Schweiz.*

P. 'Orange Splash'
Rechts *Eine von mehreren Züchtungen, deren Blätter von verschiedenen Farben durchzogen werden. Etwa ein Dutzend Zuchtsorten haben den Beinamen „Orange".*

Feuerrote Pelargonien

Es gibt einige wunderbare feuerrote Zonalpelargonien. 'Stadt Bern' hat blutrote Blüten vor dunklen Blättern. 'Happy Thought' (häufig falsch 'A Happy Thought' genannt) hat große runde Blütenköpfe und 'Feuerriese' hat lockere scharlachrote Blütenköpfe. 'Paul Crampel' ist eine sehr beliebte Pflanze für Fensterkästen an Bauernhöfen. Es gibt noch drei etwas offenere Pelargonien, deren Blütenblätter an Kamelien erinnern: 'H. Rigler', 'Crimson Fire' und ‚Drummer Boy', 'Alex' und 'Jacqueline' sind rote gefüllte Zonalpelargonien.

Viele der so genannten gescheckten roten Zonalpelargonien lassen ein lebhaftes Bild aus Rot, Gelb, Grün und Weiß entstehen. 'Mangels Variegated' sieht in der prallen Sonne fantastisch aus. Leider hält dies nicht lange vor, denn ihre leuchtend gelben Blätter verblassen schnell – ein häufiger Schwachpunkt bei gelbblättrigen Zuchtsorten. Pflanzen Sie sie in den Schatten, denn dort bleibt das Rot schön grell und die dunklen Plätze wirken durch die Blätter heller. Sie blühen bis zum ersten Frost und sterben dann ab. 'Madame Butterfly' hat klare weiße und grüne Blätter und dunkelrote Blütendolden. 'Mrs. Farren' zeigt dunklere Blätter, blüht jedoch ebenso rot. 'Freak of Nature' und 'Happy Thought' peppen mit ihrem eigenwilligen Aussehen jede Rabatte auf.

P. 'Hildegard'
Oben *Hier stehen beeindruckend große Dolden leuchtend roter bis oranger halb gefüllter Blüten auf kräftigen Stängeln.*

P. 'Crimson Fire'
Oben *Die Blüten sind bei 'Crimson Fire' leuchtend rot, die Dolden kompakt.*

P. 'H. Rigler'
Links *Eine Zonalpelargonie mit dichten halb gefüllten Dolden aus feuerroten Blüten.*

P. 'Stadt Bern'
Links P. *'Stadt Bern' ist eine der leuchtendsten Zonalpelargonien. Sie wird mittelgroß und kann sehr gut in Hängekörbe und Kübel gesetzt werden.*

P. 'Paul Crampel'
Oben *Schon im frühen 19. Jh. schmückte diese immer beliebte Zonalpelargonie viele Fensterkästen.*

P. 'Happy Thought'
Links *Die leuchtenden Blätter von* P. *'Happy Thought' bilden einen schönen Kontrast zu den strahlend roten Blüten.*

P. 'Penny Serenade'
Links *Eine Zwergpelargonie mit relativ offenen Dolden aus leuchtend roten Blüten und grünen Blättern.*

P. 'Bristol'
Links *Diese Züchtung kennzeichnet ein deutliches Farbmal auf ihren gewellten Blättern. Sie gefällt mit leuchtend roten Blütendolden.*

Highfields-Pelargonien

Unter den Highfields finden sich einige der schönsten Pelargonien in vielen verschiedenen Farben und Blütenformen.

Die Schönheit der Highfields-Pelargonien ist berühmt. Ihr ursprünglicher Züchter war Ken Gamble, 1967 stellte er die halb gefüllte 'Highfields Pink', einen Sämling der 'Irene', vor. Gamble schuf auch noch andere Pelargonien, die nicht den Namen „Highfields" tragen, darunter 'Annette Kellerman' und 'Queen Ingrid'.

Heute heißen etwa 40 Zuchtsorten 'Highfields'. Ihre Merkmale sind ein kompakter Wuchs und eine Vielzahl großer Blütendolden, häufig in grellen Farben oder auch in schönen Pastelltönen. Ihre Vermehrung erfolgt ausschließlich über Ableger. 'Highfields Flair' ist eine hervorragend für Beete geeignete Pflanze.

Highfields gibt es als Zuchtsorten mit Einzelblüten, halb gefüllten und gefüllten Blüten. Typische Highfields mit Einzelblüten sind die kirschrote 'Highfields Appleblossom', die rote 'Highfields Pride' oder die knallrote 'Highfields Supreme' mit ihrem weißen Auge. Eine Highfields mit halb gefüllten Blüten ist 'Highfields Orange', gefüllte Blüten haben die lachsrote 'Highfields Charisma' oder die hellrosa 'Highfields Attracta'.

Bei 'Highfields Cameo', 'Highfields Flair', 'Highfields Pink' und 'Highfields Snowdrift' sieht man sehr schön den runden kompakten Wuchs. 'Highfields Ballerina' mit ihren attraktiven dunklen Blättern ist eine hübsche Alternative.

P. 'Highfields Attracta'
Oben *Obwohl sie nur schwach riechen, wirken die Blüten dieser Pelargonie besonders lebendig und blühen lange Zeit.*

P. 'Highfields Orange'
Oben *Wie es bei den Highfields-Züchtungen üblich ist, sind auch ihre Blütendolden groß und relativ einheitlich gefärbt.*

P. 'Highfields Snowdrift'
Links *Die Blütenkugeln dieser Züchtung sind normalerweise weiß. Diese Farbe ist bei Pelargonien sehr selten.*

P. 'Highfields Appleblossom'
Gegenüber *Diese üppigen Blütenköpfe tragen viele rosabeige Einzelblüten, die dicht beieinander stehen.*

Rosenknospenformen

Schon während der viktorianischen Ära stürzten sich Pflanzenfreunde auf Pelargonien, deren Blüten eine dichte Kugel bilden. Sie sehen auch wirklich fantastisch aus – wie eine Kombination aus Apfel-, Rosen- und Tulpenblüte.

Die ersten Rosenknospenformen 'Appleblossom Rosebud', 'Red Rambler' und 'Scarlet Rambler' kamen 1870 heraus. Bei den Rosenknospenformen stehen die Knospen so eng beieinander, dass sie sich nicht zu Blüten öffnen können. Die Knospenkugel wird auch „Noisette" genannt, vermutlich nach der gleichnamigen Rosenhybride, ursprünglich jedoch nach dem französischen Wort für Haselnuss.

Diese Zonalpelargonien vereinen die feinen Details von Rosen und Apfelblüten in ihrem Aussehen, deren typischen Duft besitzen sie jedoch nicht. Die Knospen der 'Appleblossom' sind von Hellrosa, Weiß und einem Spritzer Hellgrün durchzogen und ähneln dadurch der Apfelblüte. Interessante neue Varietäten sind *P.* 'PELFI Summer Red Rose' und 'Summer Lila Rose', beides rosenknospenblütige Efeupelargonien.

Grelle Rottöne sind bei 'Scarlet Rambler Rosebud Gem Double Rose' – die eigentlich wie dichte Rosenknospen aussehen – und bei 'Red Pandora' zu sehen. Eine gute Tulpenblütenform hat 'Patricia Andrea'. Ihre Blüten sind dichter als die einer jeden Rosenknospe und so perfekt, dass sie schon fast künstlich aussehen. Drei Kletterformen dieser Gruppe haben eine andere Blütenfarbe – die blutrote 'Red Rambler', die gedämpft dunkelrote 'Spanish Rambler' und die purpurrote 'Plum Rambler' (heute 'Rosebud').

P. 'Appleblossom Rosebud'
Oben *Diese Blüten bilden ein Bündel wie bei einer winzigen Apfelblüte oder einer provenzalischen Rose und öffnen sich nie, da sie aus vielen winzigen Blütenblättern bestehen. Die Pflanze kam im 19. Jahrhundert auf, heute gibt es viele Zuchtsorten mit einer ähnlichen Form.*

P. 'Plum Rambler'
Rechts *Die kräftigen Farben dieser gefüllten Blüten sind unerreicht. In warmem Klima wuchert sie wie eine üppige Rose. Sie sollte in einem Gewächshaus überwintern.*

P. 'Patricia Andrea'
Links *Diese tulpenblütige Pelargonie ist robust und zeigt dichte Knospen, die sich zu einer hübschen Farbkugel zusammenballen.*

Varietät der 'Appleblossom Rosebud'
Oben *Unter den Zonalpelargonien ist diese alte Züchtung typisch für die Rosenknospenformen. Sie sieht mit ihrem Weiß und Rosa wunderschön aus.*

P. 'Red Pandora'
Rechts *Mit ihren tiefroten Blüten ist die tulpenblütige P. 'Red Pandora' eine perfekte Doppelgängerin einer gefüllten Rose.*

Handelszüchtungen

Die intensive Züchtung der Pelargonien mag durchaus umstritten sein – doch die Schönheit einiger atemberaubender Handelszüchtungen ist über jeden Zweifel erhaben.

Die unklare Herkunft vieler kommerziell gezüchteter Pelargonien hatte zur Folge, dass einige Experten Begriffe wie „Fiats", „Irenes", „Ricards" oder „Bruant-Typen" heute als bedeutungslos abtun. Viele Züchter katalogisierten ihre Kreuzungen nicht, oder sie wenden unterschiedliche Kriterien an. „Bruant-Typen" und „Ricards" sind nun leider verloren, doch die Serien „Fiat" und „Irene" sind nach wie vor erhältlich. Dazu gekommen ist noch die Serie „Video".

PACs und PELFIs sind nach Züchtern in Deutschland benannt, der Züchtername steht hier dem Pflanzennamen voraus. Sie sind in den meisten europäischen Gartencentern zu finden.

Irenes und Fiats sind in Spezialgärtnereien erhältlich. Amerikanische „Irenes" haben häufig eine französische „Fiat" als Elternteil. Sie blühen üppig, sind robust und wachsen schnell. Ihre Blüten sind entweder gefüllt oder halb gefüllt. Die Serie „Video" hat eher prosaische Namen wie 'Video Rose'. 'Video Scarlet' oder 'Video Salmon'.

Die Serie „Unique" ist kräftig und buschig, einige duften auch. Ihre Blüten sind häufig rötlich und stehen in Dolden. 'Madame Nonin' und 'Patons Unique' sind rot, doch ihre Blüten können auch rosa, bläulich violett oder weiß sein wie bei der 'White Unique' oder der purpurroten 'Rollisons Unique'.

P. 'Toyon'
Oben *P. 'Toyon' hat gleichförmige Blütenblätter, die einfache und nüchterne Blüten ergeben.*

P. 'Irene'
Oben *Eine wertvolle mehrjährige Pflanze für Blumenrabatten, die Temperaturen von bis zu 2°C toleriert. Ihre orangen Blüten wachsen in relativ lockeren Dolden.*

P. 'Rosepen'
Links *P. 'Rosepen' ist eine gefüllte Zonalpelargonie mit dunkelroten Blüten in lockeren Dolden.*

P. 'Video Salmon'
Rechts *Unter den einfachen Farben der Serie „Video" findet jeder Gärtner das Passende. Diese Pelargonie ist lachsrot, gemischt mit einigen helleren Flecken.*

P. 'Video Rose'
Oben *Hier sind rosafarbene Blütenblätter mit weißen Augen so gleichförmig angeordnet, dass die Einzelblüten durch ihre Symmetrie beruhigend wirken.*

P. 'Video Scarlet'
Rechts *Die leuchtend scharlachroten Blüten zeigen das Rot, das für so viele Pelargoniengruppen typisch ist.*

P. 'Fiat Supreme'
Oben *Die Blüten dieser gefüllten Zonalpelargonie sind in verschiedenen dezenten Apricottönen gefärbt.*

P. 'Fiat'
Rechts *Von den verschiedenen Pflanzen dieser Serie ist dies die einfache Fiat mit apricot-orangen gefüllten Blüten in einer offenen Dolde.*

Stellar- und Startel-Sorten

Die Stellar-Sorten bringen eine exotische Note in den Garten. Viele Pflanzen dieser Serie wurden von T. Both aus Adelaide in Westaustralien gezüchtet. Dazu gehören so schöne Pelargonien wie 'Stellar Arctic Star' (heute 'Arctic Star'), 'Stellar Snowflake' und 'Stellar Orange'.

Die Blüten der Stellar-Sorten sind Einzelblüten oder gefüllte Blüten. Häufig besitzen sie keilförmige Blütenblätter oder schmale, gespaltene obere Blütenblätter mit gesägten oder gewellten Rändern. Es gibt auch Zwergpflanzen wie die kirschrote 'Fandango' oder die 'Queen Ester' mit ihrem Purpurrot und Weiß, das die flügelähnlichen grünen Kelchblätter noch zusätzlich betont. Die winzige 'Els' gefällt durch ein Lachsrot, die Blätter ähneln denen der Akelei. Stellar-Sorten heißen auch fingerblütige Pelargonien, da ihre tief gelappten Blätter wie Finger aussehen.

Eine der am weitesten verbreiteten Stellar-Sorten ist 'Vancouver Centennial', die vor allem für die dunklen Farbvarianten ihrer Blätter bekannt ist. Die Einzelblüten in relativ offenen Dolden sind lachsrot bis orange. Eine weitere nützliche Stellar-Sorte für Hängekörbe oder Töpfe ist 'Bird Dancer'. In der englischen Samenhandlung Thompson & Morgan entstand die Serie „Startel“. Sie ist eine zonale Züchtung der Stellar-Sorten, buntblättrig und zwergwüchsig.

Die Blätter der kaktusblütigen Pelargonien (auch weihnachtssternblütig genannt) sind stärker gefiedert als die der Stellar-Sorten. Ihre Blüten bilden eine Kugel wie bei einem stacheligen Kaktus mit dünnen Blütenblättern, z. B. 'Mrs. Salter Bevis' (eine Zwergpflanze) oder 'Mini-Czech' (eine Miniaturpflanze).

P. 'Queen Ester'
Oben P. *'Queen Ester' wurde als zonale gefüllte Stellar-Sorte klassifiziert und hat eine für Pelargonien sehr bizarre Form.*

P. 'Arctic Star'
Links *In einem kleinen, ganz in weiß gehaltenen Garten kommen die Blütenblätter dieser strahlend weißen Stellar-Sorte ideal zur Geltung.*

P. 'Pagoda'
Rechts *Auch eine Stellar-Sorte mit großen Blütendolden. Sie sind mit ihrem chintzigen Rosa sehr attraktiv.*

P. 'Els'
Links *Die lachsroten Blütenblätter bilden bei dieser Stellar-Züchtung einen attraktiven Farbton.*

P. 'Red Soldier'
Oben *Diese Züchtung verdankt ihren Namen vermutlich den sehr fein gefiederten Blütenblättern.*

Einzelblütige Zwergpflanzen

Während Miniaturpflanzen seit über 180 Jahren bekannt sind, sind Zwergpflanzen erst seit etwa 30 Jahren als Gruppe anerkannt. Ein Grund für ihre stetig wachsende Beliebtheit ist vielleicht, dass Gewächshäuser in der zweiten Hälfte des 20. Jahrhunderts billiger wurden.

Zwergpflanzen dürfen nicht kleiner als 12 cm, aber auch nicht größer als 20 cm sein. Bei einer Ausstellung darf der Durchmesser des Blumentopfes höchstens 11 cm betragen. Dennoch werden Zwergpflanzen normalerweise so verkauft, dass sie bis zu 30 cm groß werden, Miniaturen 15 bis 17 cm. Sobald eine Miniaturpflanze größer wird, ist sie ein Zwerg. Die Regeln der Ausstellungen sind zwar streng, doch lässt sich die Natur nicht so leicht in Kriterien zwängen.

Viele Zwergpflanzen haben dunkle Blätter, wahrscheinlich weil sie von dunkelblättrigen zonalen Pelargonien abstammen. Zwei dunkelblättrige Pelargonien sind wohl für die Farbe vieler Miniatur- und Zwergpflanzen verantwortlich: 'Mme Fournier' und 'Red Black Vesuvius'. Die anfängliche Begeisterung für kleine Varietäten zu Beginn des 20. Jahrhunderts lebte gegen Ende der 40er Jahre mit buntblättrigen Miniaturpflanzen wieder auf. 'Silver Kewense' mit silbernen und grünen Blättern wurde 1956 vorgestellt.

Wie Zonalpelargonien haben auch Stellar-Sorten – mit Einzelblüten oder gefüllten Blüten – Zwergpflanzencharakteristik, obwohl einige Züchtungen größer werden. 'Apricot' wird 45 cm hoch und ist damit zu groß für Ausstellungen. 'Peppermint Star' hat kleine Blütenkugeln in hübschem Weiß und Kirschrot. 'Pink Gold Ears' hat hellrosa Einzelblüten. Eine der beliebtesten Varietäten ist 'Bird Dancer'. 'Vancouver Centennial' ist offiziell eine Zwergpflanze, doch in wärmerem Klima kann sie bis zu 1 m hoch werden.

Weitere Zwerg- und Miniaturpflanzen sind die Occold-Varietäten, die Rivers-Reihe, die Deacon-Varietäten, die Brookside-Varietäten und Miniatur-Efeupelargonien. Eine andere wichtige Gruppe von Zwerg- und Miniaturpflanzen ist die Serie 'Suffolk Villages'.

P. 'Occold Tangerine'
Oben *Mit ihrer ungewöhnlichen Farbe bildet diese Pelargonie einen schönen Farbfleck im Garten. Die Occold-Serie ist für ihre Blütenfarben berühmt.*

P. 'Vancouver Centennial'
Rechts *Eine Stellar-Zwergpflanze mit roten Einzelblüten und einzigartigen Blättern. Die Größe der Pflanze hängt vom jeweiligen Klima ab.*

P. 'Festal'
Oben *Die schon fast halb gefüllten rosaroten Blüten dieser Miniatur-Züchtung stehen in einer kleinen Dolde dicht beieinander und kommen so sehr schön zur Geltung.*

P. 'Peppermint Star'
Oben *Die Blütenblätter der Stellar-Zwergpflanze bilden einen Stern, daher auch ihr Name. Besonders attraktiv sind hier die rosa auslaufenden Blütenblätter.*

P. 'Pink Golden Ears'
Links *Diese Zwergpelargonie, eine Stellar-Sorte, wurde nach ihren hellrosa Blütenblättern benannt. Diese sind auffällig eingekerbt.*

Gefüllte Zwergpflanzen

Die gefüllten Zwergpflanzen sind bei den Gartenfreunden sehr beliebt. Ihre gefüllten Blüten wirken sehr üppig und ihre Farben leuchten intensiv. Im Garten und auf Ausstellungen bekommen sie immer viel Aufmerksamkeit.

Es scheint, dass es mehr Zwergpflanzen mit gefüllten Blüten als solche mit Einzelblüten gibt. Eine Zwergpflanzengruppe namens 'Norfolk Dwarfs' beweist jedoch das Gegenteil, denn nur etwa ein Drittel ihrer 33 Varietäten hat gefüllte Blüten.

Gefüllte Zwergpflanzen eignen sich hervorragend für Ausstellungen, denn sie sind kompakt und wunderschön. 'Bold Carmine' und 'Claydon' sehen schon fast wie kleine Rosen aus. 'Little Alice' hat rötlich orange Blüten, 'Vina' apricotfarbige Blüten und gelbliche Blätter.

Alle Deacons sind Zwergpflanzen und haben gefüllte Blüten. Es gibt 27 Varietäten in verschiedenen Pastellfarben, manche mit wunderschönen goldenen Blättern. Da sie so klein sind, eignen sie sich hervorragend für Beete und Pflanzbehälter. Die gefüllten Blüten stehen in schönen kompakten Dolden, die sich über die Blätter hinaus erheben. Die Farben der verschiedenen Zuchtsorten sind rein und einheitlich – ganz im Gegensatz zu anderen Serien. Die erhältlichen Pastellfarben dürften sich problemlos in die Farbpalette eines jeden Gärtners einfügen. Beispiele für eine solche Farbreinheit sind das auffällige Neonrosa der 'Deacon Romance', das Lachsrot der 'Deacon Trousseau', das helle Orange der 'Deacon Sunburst' oder das leuchtende Orange der 'Deacon Summertime'. 'Deacon Golden Bonanza' gefällt dadurch, dass sie neben ihren rosenähnlichen Blütenblättern noch goldene Blätter hat. 'Pagoda', 'Prim' und 'Super Nova' sind drei gefüllte Zwerg-Stellar-Sorten.

P. 'Prima Donna'
Oben *Mit ihren dichten Dolden rosaroter gefüllter Blüten ist P. 'Prima Donna' ideal für Ausstellungen.*

P. 'Deborah Miliken'
Rechts *Die wunderschönen Köpfe dieser gefüllten Zonalpelargonie faszinieren durch die Art, in der die Blütenblätter einer jeden Blüte verdreht und gewunden sind.*

P. 'Bold Carmine'
Links P. *'Bold Carmine', eine kompakte gefüllte Zwergpflanze mit rötlichen Blüten. Sie ist eine perfekte Pflanze für Ausstellungen.*

P. 'Eileen'
Oben *Eine Zwergpflanze für Ausstellungen, die unzählige hübsche orange Blüten mit sich überlappenden Blütenblättern hervorbringt.*

P. 'Little Alice'
Links *Ein Hingucker für jeden Garten und jede Ausstellung ist* P. *'Little Alice' mit kleinen gefüllten Blüten. Ihre Blätter sind dunkelbraun.*

Edelpelargonien

Edelpelargonien sind wegen ihrer Blüten etwas ganz Besonderes. Sie sind groß und werden in üppiger Fülle von der Pflanze hervorgebracht. Ihre Farben gehen von Weiß über Rosa, Violett und Purpur bis zu Rot. Die Formen können so einfach wie ein Stiefmütterchen sein, gefranst, klein und rund, sie können aber auch einen gewellten Blütenblattrand haben. Edelpelargonien erlebten in den letzten Jahren in England und Nordamerika einen wahren Boom und Dutzende neuer Züchtungen kamen auf den Markt.

In diesem Buch sind Edelpelargonien nach ihren Farben eingeteilt, dies scheint mir das natürlichste Kriterium zu sein. Ich habe als Farbrichtungen warm, kühl und schließlich die spektakulären dunklen Butes gewählt.

P. 'Silvia'
Oben *Die Blütenblätter von* P. *'Silvia' haben leicht gewellte Ränder, ihr Kelch ist innen dunkel.*

P. 'Rembrandt'
Rechts *Eine dunkle und geheimnisvolle Edelpelargonie, die 1972 gezüchtet wurde. Ihre stiefmütterchengleichen Blütenblätter sind von Purpurrot über Kirschrot bis Violett gefärbt.*

Warme Farben

Warme Farben wirken auf den Menschen immer anziehend. In einer Rabatte oder als Kübelpflanze sind sie nicht zu übersehen. Wenn Sie Pelargonien in warmen Farben wollen, bieten Ihnen Edelpelargonien viele Möglichkeiten.

Pelargonien sind vor allem in Rottönen beeindruckend. Bei den Edelpelargonien gibt es viele Rottöne, angefangen bei Lachsrot bis zur dunkelsten Edelpelargonie überhaupt. Rote Edelpelargonien sind häufig von dunklen Farben durchzogen, sehr viele von ihnen verlieren die dunkle Färbung der Kelchmitte überhaupt nicht und sind vollkommen rot.

Am meisten bemühen sich 'Grand Slam' (1950 vorgestellt), 'Jewell' und 'Lamorna' um ein reines Rot. 'Linda' und 'Silvia' haben deutlich abgerundete rote Blütenblätter und ihre Blüten stehen so nahe beieinander, dass sie wunderschön aussehen. Gekräuselte Blütenblätter treten vor allem bei 'Souvenir' und 'Fiery Sunrise' auf. Bei beiden ist ein Hauch von Orange im Rot zu finden und 'Souvenir' wird im Kelch heller.

Beim Übergang von den roten zu den dunkleren Edelpelargonien kommt man am dunklen Kelch der 'Red Susan Pearl' nicht vorbei. Bei 'Spot on Bonanza', 'Belvedere' und 'Rimfire' zieht sich diese Färbung auch auf die dunklen oberen Blütenblätter. Letztere wurde übrigens erst 1999 vorgestellt.

Lachsrot ist bei den Edelpelargonien häufig zu finden und stellt eine willkommene Abwechslung zum normalen Rot dar, behält dabei aber gleichzeitig den warmen Farbton. Das kräftigste Lachsrot hat 'Lustre' mit ihren unzähligen stark gekräuselten Blüten, die deutlich voneinander abgesetzt sind. Einfache stiefmütterchenähnliche Blüten in einem klaren Lachsrot besitzt 'Gottenburg', deren obere Blütenblätter außerdem einen dunklen Kelch haben.

Die rosigen Blütenblätter der beliebten 'Aztec' zeigen einen dunklen Kelch. Bei mindestens einer Varietät sind die Blütenblätter gefranst. Mit ihrem kompakten Wuchs ist 'Aztec' eine schöne Ausstellungspflanze. Die Dunkelheit der oberen Blütenblätter erreicht bei 'Royal Star' ein Extrem, denn diese Pflanze hat eine attraktive hellere Manschette um die oberen Blütenblätter, der Rest ist helles Lachsrot. 'Neon Maid' ist offener, größer und heller mit ihren lachsroten stiefmütterchenähnlichen Blüten um einen weißen Kelch. Die Auswahl hier ist riesig – 'Gefora Peach' und 'Fiery Salmon' haben ihren ganz eigenen Charme.

P. 'Hazel Choice' Links *In dieser Serie gibt es mehr als 30 Hazels in den unterschiedlichsten Farben, doch haben alle große Blüten und einen kompakten Wuchs. Die ursprüngliche Hazel war die dunkle purpurrote 'Hazel'.*

G. 'Voodoo'
Links *Mit ihrer schönen dunkelroten Farbe umgeben diese kleinen, leicht hoch gebogenen Blütenblätter das dunkle Zentrum. Viele Edelpelargonien haben eine dunkle Blütenmitte, die mit einer kontrastierenden Farbe gefüllt, gefleckt oder geädert sein kann. In einigen Katalogen ist diese Pflanze auch als Hybride der 'Unique' verzeichnet.*

P. 'Aztec'
Oben *Die halb gefüllte Zonalpelargonie mit orangeroten Blütenblättern wurde 1947 gezüchtet. Aufgrund ihrer robusten Konstitution ist diese Züchtung sehr beliebt. Ihre Bündel gewellter Blüten sehen wirklich beeindruckend aus.*

P. 'Neon Maid'
Oben *Wegen ihrer neonrosa Blüten mit weißen Augen und gekräuselten Blütenblättern ist* P. *'Neon Maid' immer ein guter Kandidat für Ausstellungen oder als Blickfang im Garten.*

Kühle Farben

Die Farben Weiß, Rosa und Purpurrot bringen eine wohltuende Ruhe in den Garten. Obwohl viele dieser Blütenfarben nicht ganz rein sind, wirken sie doch insgesamt eher kühl.

Edelpelargonien gibt es in einer solchen Farbvielfalt, dass eine Auswahl nur zufällig und sehr subjektiv sein kann. Sie kann sich nur an der Oberfläche bewegen und einen Ausschnitt aus dieser vom Menschen geschaffenen biologischen Vielfalt bilden. Auch in Zukunft können die Gene von Pelargonien genauso interessant und farbenprächtig kombiniert werden wie in der Vergangenheit. Rein weiße Pelargonien gibt es kaum. Die Blütenblätter der 'Turtles White' sind häufig gefleckt und 'Volante National Alba' ist fliederfarben getönt. In den USA ist die Varietät 'White Champion' sehr beliebt, die große weiße Blüten mit rosa Flecken hat. Die Blütenfarbe von 'Jasmine' ist rein, doch hat sie in ihrem Kelch ein weinrotes Muster. Auch auf ihren Blütenblättern kann sie winzige Flecken haben. 'Super Spot Bonanza' trägt manchmal rosa statt weißer Blütenblätter – man könnte meinen nur deshalb, damit es, wie fast immer, kein einheitliches Weiß gibt.

Viele weißblütige Edelpelargonien sind rosa getönt. Offensichtlich ist dies bei 'Cherie', denn sie hat purpurrote Flecken auf ihren oberen Blütenblättern, oder bei 'Joan Morf', deren untere Blütenblätter in der Mitte deutlich rosa getönt sind. Bei hellen Edelpelargonien wie 'Mona Lisa' und 'Pearly Primrose' ist Rosa gut ausgeprägt, beide haben auf den oberen Blütenblättern purpurrote Flecken. Bei den Hazels hat 'Hazel Frills' gekräuselte Blütenblätter und deutliche rote Adern – ein Spiegelbild ihrer Staubblätter und Staubgefäße.

Rosa und Purpurrot sind in der Pflanzenwelt bekanntermaßen schwer zu beschreiben und Pelargonien sind da keine Ausnahme. Zwei besonders schöne Edelpelargonien fallen in diese Farbkategorie: *P.* 'Carisbrooke' hat rosa und karminrote Blüten und hieß

P. 'Spot on Bonanza'
Links *Die weißen Blüten mit einer wunderschönen Zeichnung aus rosa Tupfen und purpurroten Spitzen sehen traumhaft aus.*

P. 'Hazel Frills'
Unten *Eine sehr kompakte Blütendolde, hauptsächlich weiß mit roten Flecken im Kelch.*

früher 'Ballerina'. Sie bekam 1952 wegen ihrer „phloxrosa" und „rosenrosa" gekräuselten Blüten die englische Auszeichnung AGM verliehen. Entstanden war sie jedoch schon 1928 als Sämling aus der 'Queen Mary' – diese Zuchtsorte gibt es allerdings nicht mehr.

P. 'Lavender Grand Slam' – ihre Farbe spricht für sich selbst – hat an ihren großen gekräuselten Blütenblättern eine sehr einheitliche Farbe. Ursprünglich wurde sie 1953 als Spielart aus der 'Grand Slam' selektiert, die selbst erst 1950 in Purpurrot und Violett gezüchtet worden war. 'Salmon Slam' hat das Muster und die Blütenstruktur der anderen Slams, ihre Blütenblätter sind jedoch stark mit einer lachsroten bis orangen Farbe durchzogen. Ein winzige Änderung in der Gensequenz ist für diesen dramatischen Farbunterschied verantwortlich. Grand Slams (deutsch: großer Knall) wurden nach der Wirkung benannt, die eine solche großartige Pelargonie erzielt, wenn sie blüht – ihr Ruf geht ihnen also weit voraus.

Weitere rein rosa Edelpelargonien sind 'Fruhlingser Lilac', 'Lilac Jewell', 'Prince' und 'Susan Pearce'. 'Claydon Firebird' ist eine purpurrote Edelpelargonie mit kleineren Blüten, die sehr gekräuselt aussieht, während 'Rosemaroy' (nicht zu verwechseln mit der Zonalpelargonie 'Rosemary' und der zonalen Zwergpflanze 'Rosemarie') offener gekräuselt ist, aber immer noch einen dunklen purpurroten Kelch hat. 'Peters Choice' ist eine bemerkenswerte Züchtung mit großen Blüten und einem weißlichen Kelch. Die meisten Blütenblätter der 'Rembrandt' sind wunderschön purpurrot, schon fast wie Samt. Nur ein heller purpurroter Rand lockert diese Farbe auf.

***P.* 'Carisbrooke'**
Links *Diese Pflanze hieß früher 'Ballerina', vermutlich weil ihre rosa Blütenblätter aussehen wie Rüschen und so an das Tutu einer Ballerina erinnern. Der dunkle Kelch zwischen den großen rosa Blütenblättern ist für die auffallend hübsche Pelargonie typisch.*

***P.* 'Claydon Firebird'**
Rechts *Hier stehen die Blüten dicht beisammen, ihre Blütenblätter sind gewellt. Ein Meer aus Purpurrot und Rosa.*

Butes-Pelargonien

Butes sind wegen ihrer dunklen düsteren Rottöne außergewöhnlich. Die Blüten bilden einen herrlichen Kontrast zum grünen Laub.

Die früheste Bute ist 'Lord Bute', die in England schon 1910 mit dem AGM ausgezeichnet wurde. Offiziell heißt sie 'Purple Robe' und kleidet sich in samtiges Purpur bis Schwarz mit einem dünnen purpurroten Rand. 'Black Magic' mit ihren schwarzen Blütenblättern ist heute nur noch selten zu sehen. Auch 'Thundercloud' ist schwarz. Die übrigen schwarzen Edelpelargonien weisen üblicherweise noch einen anderen Farbton auf: 'Browns Butterfly', früher 'Black Butterfly', ist dunkelbraun, 'Black Knight' ist schwarzlila, 'Black Velvet' ist ebenfalls schwarzlila und 'Black Top' ist rot und schwarz. 'Morwenna' öffnet sich dagegen schwarz und wird im Alter mahagonifarben.

Andere Edelpelargonien mit einer Verbindung zur Bute sind 'Marchioness of Bute', 'Australian Bute' und 'Dollar Bute'. Die 'Tashmal' ähnelt der 'Australian Bute', doch wachsen ihre Büschel eher rosettenartig, und 'Springfield Black' ist samtschwarz mit einem atemberaubenden roten Kelch. 'Turkish Coffee' erreicht keineswegs die dunkle Farbe von echtem Kaffee, passt aber trotzdem hervorragend in die Gruppe.

Weitere dunkle Edelpelargonien sind 'Romeo' und 'Norgal Regal' mit ihrem hellen Zentrum, braunen Blütenblättern und gekräuselten himbeerroten Rändern. Die Blütenblätter von 'Peggy Sue' und 'South American Bronze' haben weiße Ränder. Am stärksten ist 'Marie Rober' mit ihrem dunklen Kelch und purpurroten Blütenblättern gekräuselt, 'Burgundy' dagegen ist eher düster. Ideal für Kübel ist 'The Prince' – eine Miniaturpflanze mit einer langen Blütezeit.

P. 'Bushfire'
Links *Wie ein Buschfeuer wirkt diese mahagonibraune Edelpelargonie, deren der Blütenblätterrand durch ein dunkles Lachsrot aufgehellt wird.*

P. 'Lord Bute'
Oben *Ein Klassiker – immer noch häufig angepflanzt. Früher hieß sie 'Purple Robe', ihre Blütenblätter sind schwarzlila mit auffälligen fuchsia- oder karminroten Rändern. Sie ist die ideale Pflanze für Beete.*

P. 'Springfield Black'
Links *Sie gehört zu dem Dutzend Züchtungen der Springfield-Pelargonien und ist dunkler als die meisten anderen. Ihre Blütenblätter sind zygomorph (unregelmäßig), so dass sich die Blüten aufbauschen.*

Angel-Pelargonien

Die Angels wurden Anfang des 19. Jahrhunderts mit der 'Angeline' eingeführt. Sie gehören zu den hübschesten und blütenreichsten kleineren Pelargonien. Die Begeisterung für Angels ist heute so groß, dass es spezielle Angel-Züchter gibt.

Man geht davon aus, dass die Angels ihre Merkmale von zwei Pelargonienarten bekommen haben: *P. crispum* und *P. groussolaroides*. Insgesamt ähneln Angels eher Edelpelargonien als Zonalpelargonien. Sie sind zwar Miniaturpelargonien, doch sehen sie den Miniatur-Edelpelargonien nicht sehr ähnlich. Angels sind buschig, haben viele Blüten und werden nicht größer als 25 cm. Einzelpflanzen eignen sich für Hängekörbe, Kübel oder Fensterkästen, für Rabatten sind die Pflanzen dagegen zu zart. Angels blühen den ganzen Sommer hindurch. Die meisten duften nicht, doch haben manche Varietäten ihren Duft beibehalten, z.B. 'Imperial Butterfly', 'Mrs. G.H. Smith', 'Letitia' und 'Solferino'.

Bis jetzt gibt es noch keine rein roten Angels, doch 'Velvet Duet' mit ihrem tiefen Purpurrot und 'Kettle Baston' mit ihren purpurroten Blütenblättern kommen diesem Bild schon ziemlich nahe, ebenso 'Jer Rey'. Das Purpurrot konzentriert sich normalerweise auf die oberen Blütenblätter wie bei der 'Wayward Angel' oder 'Catford Belle' oder ist wie bei 'Verona Conteras' und 'Sancho Panza' in der Blütenmitte zu finden. 'Captain Starlight' ist hinreißend schön. Einige Angels sind nach englischen Dörfern benannt wie z.B. 'Newnham Market', 'The Mole', 'The Axe', 'The Tone' und 'The Lyn'.

Angels x Edelpelargonien (Orientalen)

Durch Kreuzung von Angels und Edelpelargonien erhält man sehr kompakte Pflanzen mit vielen Blüten, wie z.B. 'Cathay', 'Chintz', 'Kyoto' und 'Rising Sun'. Sie wurden so gezüchtet, dass sie in gemäßigten Breiten von Februar bis November blühen.

Kleinblütige Edelpelargonien

Auf den Blütenblättern der Zier-Angel-Pelargonien befinden sich Flecken, die auffälligste ist 'Beronmünster' mit fünf roten Flecken auf ihren Blüten. 'Lara Maid', 'Sancho Panza' und 'Variegated Mme Layal' sind ebenfalls Zier-Angels.

P. 'Gabriel'
Links P. *'Gabriel' sieht sehr schön in einem Fensterkasten aus. Die kleinen Blüten haben karminrote Blütenblätter mit einer hellen Fiederung.*

P. 'The Axe'
Links *Purpurrot und weiß bilden einen herrlichen Kontrast. Ein richtiger Blickfang für Genießer.*

P. 'Imperial Butterfly'
Oben *Ihre großen weißen Blütenblätter sehen wie die Flügel eines Schmetterlings aus.*

P. 'Cransley Star'
Links *Sieht diese Blume mit ihren zwei großen kirschroten oberen Blütenblättern und den hellrosa unteren Blütenblättern nicht wie ein gekräuseltes Stiefmütterchen aus?*

P. 'Wayward Angel'
Oben *Eine stiefmütterchenähnliche Züchtung mit offenen Blüten, deren obere Blütenblätter purpurrot gefleckt sind. Mit ihrem lockeren Wuchs ist sie ideal für Hängekörbe.*

P. 'Sancho Panza'
Links *Am Farbmuster dieser Zier-Angel-Pelargonie sieht man, dass sie eine Verwandte der Edelpelargonien ist. Ihre weißen Ränder verleihen ihr eine eigene Note.*

Deacon-Pelargonien

Durch besonderen züchterischen Eifer entstand in England eine Gruppe namens Deacons (deutsch „Dekane"). Die kompakten Pflanzen eignen sich ideal für Fensterkästen und Hängekörbe.

Alle Deacon-Pelargonien sind Zwergpelargonien und wurden zuerst gegen Ende des 20. Jahrhunderts in East Anglia/England von Reverend Stringer gezüchtet. Diese wunderschönen Pelargonien entstanden aus Kreuzungen zwischen Miniatur- und Efeupelargonien. Heute gibt es etwa 30 Varietäten der Deacon-Pelargonien, meistens haben sie sehr schöne gefüllte Blüten.

Es gibt aber auch einige schöne Züchtungen mit halb gefüllten Blüten wie z.B. die hübsche 'Deacon Summertime'. Ein Elternteil prägt sich deutlich in ihrem kompakten Wuchs aus (der von den Miniaturpelargonien kommt), die Efeupelargonien haben ihnen dagegen die Blüten und ihre so typischen gewellten Blätter vererbt. Dennoch lassen sich die Deacon-Pelargonien durch ihre Zwergform und ihre gefüllten Blüten deutlich von den anderen beschriebenen Pelargoniengruppen unterscheiden.

Deacons gibt es in vielen traditionellen Farben. Sie reichen von zartem Lila über Rot und leuchtendes Orange bis zu einem attraktiven Lachsrot (z.B. 'Deacon Lilac Mist', 'Deacon Regalia', 'Deacon Sunburst' bzw. 'Deacon Trousseau'). Die weißen Blütenblätter der 'Deacon Picotee' haben einen feinen purpurroten Rand.

Außerdem können die Gärtner unter einigen ungewöhnlicheren Farben wählen, wie z.B. die auffällige neonrosa 'Romance', 'Deacon Coral Reef' (lachsrot) oder 'Deacon Jubilant' (kirschrot). Auf den gescheckten Blättern der Varietät 'Deacon Peacock' befindet sich ein grün-gelbes Schmetterlingsmuster, ihre Blüten sind orangerot.

Weitere interessante Farbkombinationen bieten 'Deacon Golden Bonanza', deren Rundblätter goldgelbe Ränder haben, und 'Deacon Birthday', deren lachsrote Blütenblätter pfirsichfarben überzogen sind.

P. 'Deacon Bonanza'
Oben P. *'Deacon Bonanza' zeigt eine eher ungewöhnliche Farbe mit ihren dichten rosa Blütenbüscheln, die ein wenig gekräuselt sind und eng beisammen stehen.*

P. 'Deacon Coral Reef'
Links *Die Blüten dieser Deacon sind korallenrot bis apricot und sehen fantastisch aus.*

Wenn Sie Ihre Terrasse wirklich außergewöhnlich gestalten wollen, sollten Sie 'Deacon Arlon' mit ihren eleganten weißen Blüten oder 'Deacon Flamingo' mit orangen bis scharlachroten Blüten verwenden. Auch 'Deacon Moonlight' mit ihren blasslila oder rosa Blüten, 'Suntan' in blassem Orange, 'Deacon Summertime' mit scharlachroten Blüten und 'Deacon Romance' mit ihren herrlichen neonrosa Blüten eignen sich hier hervorragend.

Ein Vorteil der Deacon-Pelargonie liegt in ihrer Zwergform und sie werden nicht größer, als ihr Pflanzbehälter es zulässt. Da sie durch ihren Zwergwuchs ausgesprochen hübsch sind und zusätzlich auch noch Blüten in vielen leuchtenden und bunten Farben haben, sind sie ideale Topfpflanzen – sowohl für Ausstellungen als auch für Heim und Garten.

Sie gedeihen sowohl gut in Fensterkästen, so dass Sie auch im Haus etwas von ihnen haben, als auch in Hängekörben oder am Rand von großen Töpfen oder Kübeln. Da sie so klein sind, lohnt es sich, Ampeln mit Deacons in Augenhöhe zu hängen. So können Sie diese aufregenden Pflanzen nicht nur hervorragend bewundern, sondern sie auch auf eine etwas andere Weise im Garten zur Schau stellen.

Wenn Sie wollen, können Sie Deacons im Sommer auch in Beete pflanzen, doch sollten Sie darauf achten, dass sie genug Platz haben, damit sie auch richtig zur Geltung zu kommen. Es wäre doch zu schade, wenn diese wunderschönen kleinen Pelargonien von benachbarten Pflanzen wie Frauenmantel, Salbei oder Astern überwuchert würden!

Letztendlich spielt es jedoch keine Rolle, wo Sie diese außergewöhnlichen Juwelen wachsen lassen – Deacons werden Sie mit einer solch üppigen Farbpracht belohnen, die so schnell keine andere Pelargonie erreicht.

P. 'Deacon Constancy'
Links *Hellrosa Blütenbüschel, die entweder alle weiß sind oder etwas Weiß dabei haben, sind typisch für diese Züchtung. Die Pastellfarben sind ein Kennzeichen dieser Gruppe.*

P. 'Deacon Clarion'
Oben *Eine spektakuläre Erscheinung ist diese gefüllte Zwergpflanze durch die tiefrosa Blüten mit den gebündelten Blütenblättern.*

P. 'Deacon Lilac Mist'
Links *Die locker gefüllten Blüten mit blasslila Blütenblättern sehen wunderschön aus. Sie können sie als Zimmerpflanze verwenden oder sie draußen in Rabatten oder Fensterkästen pflanzen.*

P. 'Deacon Moonlight'
Oben *Mondlicht ist schwer zu beschreiben, doch diese gekräuselten blasslila Blüten sind traumhaft und werden ihrem Namen gerecht.*

Miniaturpelargonien

Wegen ihrer einmaligen Farbe und Form gehören Miniaturpelargonien zu den besten Ausstellungspflanzen ihrer Gattung. So wird sich niemand wundern, dass sie zunehmend beliebter werden.

Um als Miniatur und nicht als Zwergpflanze zu gelten, darf eine Pelargonie nicht höher als 12 cm sein. Erwachsene Mikro-Miniaturpelargonien dürfen sogar nur 5 cm messen. Der Kleinwuchs gehört zur Variation. Je mehr Inzucht innerhalb einer Pflanzengruppe besteht, umso größer ist die Wahrscheinlichkeit, dass dabei eine Miniaturpflanze entsteht. Die ersten Miniaturpflanzen wurden gegen Ende des 19. Jahrhunderts bekannt. Die Angel-Pelargonien stammen vermutlich von Miniaturpflanzen ab, die durch künstliche Selektion entstanden.

Mini-Pelargonien, wie man sie auch nennt, gibt es auch bei den Zonal-, Efeu- und Edelpelargonien. Es gibt sechs anerkannte Kategorien: goldblättrige Zuchtsorten, efeublättrige Zuchtsorten, bunte oder gesprenkelte Zuchtsorten, dreifarbige und gescheckte Zuchtsorten, Stellar-Sorten und bunte und gesprenkelte Stellar-Sorten. Die Blüten der Miniaturpflanzen können Einzelblüten, halb gefüllte oder gefüllte Blüten sein. An der Form der Blüten ist ihre Abstammung zu erkennen. Wenn die Blüten ihre Vorfahren nicht verraten, können Sie die Blätter heranziehen, um die Abstammung der Pflanze zu bestimmen.

Die englische Nationalsammlung von Miniatur- und Zwergpelargonien beherbergt heute stolze 1400 Züchtungen – ein beträchtlicher Anstieg von den rund 100, die noch vor 20 Jahren bekannt waren. Viele Miniaturpflanzen eignen sich fantastisch für Ausstellungen, darunter 'Morval' mit ihren einheitlichen rosa Blütenkugeln und 'Eileen' mit ihren fast perfekten orangen Blütenkugeln. Zu den bekanntesten Miniaturpflanzen zählt 'Red Black Vesuvius'. In einem Fensterkasten oder Blumentopf macht sie schon aufgrund ihrer ungewöhnlichen Farbe viel Freude. Sie passt gut zu anderen dunkelblättrigen Pflanzen.

Eine ungewöhnliche und einzigartige Miniaturpflanze ist 'Madame Salleron'. Sie ist eine blütenlose buntblättrige Pelargonie mit gescheckten Blättern.

P. 'Black Vesuvius'
Links *Diese beliebte Miniaturpflanze hat nicht etwa einen falschen Namen, sondern ist mit ihrem dunklen Laub und ihren grellen roten Blüten schon richtig benannt. Sie gedeiht gut und sieht prächtig in einer Rabatte, einem Fensterkasten oder Blumentopf aus.*

P. 'York Minster'
Links P. *'York Minster' ist eine Zwergpflanze mit grün und weiß geschecktenBlättern. Ihre rosenroten Blüten bilden dazu einen schönen Kontrast. Die einfachen Blüten stehen in kleinen offenen Dolden.*

Mikro-Miniaturpflanzen

Diese Züchtungen habe einen winzigen Wuchs mit kleinen Blättern und Blüten. Sie sehen hübsch in Pflanzbehältern aus, entweder als Einzelpflanze oder kombiniert mit anderen Pflanzen.

P. 'Playmate'
Das Interesse an den Hunderten von Mikro-Miniaturpflanzen nimmt stetig zu. Diese Pflanze hat winzige Blüten mit sehr dünnen Blütenblättern.

P. 'Morval'
Links P. *'Morval' mit kompaktem Wuchs, gefüllten rosa Blüten und gescheckten Blättern, ist ideal für Ausstellungen oder einfach eine wunderschöne Zimmerpflanze.*

Sie wächst gut und eignet sich daher hervorragend in Kombinationen mit anderem Laub. Sie hat eine Spielart mit winzigen rosa Blüten namens 'Little Trot'. Die Züchtung 'Alde' stellt stolz ihre orangen Blüten vor einem Hintergrund dunkler Blätter zur Schau und 'Friesdorf' hat ein dunkles Farbmal. 'Greengold Kleiner Liebling' hat hübsche grüne Blätter und rosa Blüten, die in Dolden stehen. Sie ist eine neuere Variante der 'Kleiner Liebling' von 1925. Buntblättrige Miniaturpelargonien eignen sich gut für Hängekörbe und Vasen, z. B. 'York Minster' und 'Caribou Gold'.

Bei den Miniatur-Efeupelargonien gibt es eine große Auswahl an schönen Pflanzen. 'Alpine Glow' sieht mit ihren Bündeln von rosa Blüten ein bisschen wie ein Harlekin aus, 'Tenerife Magi' hat ungewöhnliche bläulich-violette halb gefüllte und gekräuselte Blüten, während die strahlend weißen Blütenblätter der 'Snow Queen' purpurrote Farbspuren haben.

Die Blütenblätter der bunten Varietäten sind farbig – häufig rot oder orange – gesprenkelt. Diese Sprenkelung ist entweder auf allen oder nur auf ein oder zwei Blütenblättern vorhanden. Typische Beispiele sind 'Morse' und 'Shelley'.

Das interessante Aussehen der Stellar-Sorten mit ihren eingeschnittenen Blütenblättern hat mit einigen faszinierenden Züchtungen in die Welt der Miniaturpelargonien Einzug gehalten. Dazu gehören 'Dawn Star'; ein Teil der Novelty-Reihe mit spitzen Blütenblättern, die an eine kaktusblütige Pelargonie erinnern, und 'David Mitcham'. Einen harten Gegensatz bildet 'Trudie' (als Zwergpflanze aufgelistet) mit ihren eleganten, langen, schmalen rosa Blütenblättern.

P. 'Madame Stalleron'
Oben *Eine Zonalpelargonie mit attraktiven grünen Blättern mit einem unregelmäßigen beigen Muster. Sie können sie als mehrjährige Pflanze in eine Blumenrabatte setzen oder als Zimmerpflanze ziehen.*

P. 'Kleiner Liebling'
Links *Mit ihren zarten rosa Blüten über ihren grünbeigen Blättern ist diese Miniaturpelargonie eine attraktive Pflanze für Rabatten oder kann im Sommer auch in Beete gepflanzt werden.*

P. 'Alpine Glow'
Oben *Die Blüten dieser gefüllten Zonalpelargonie sind weiß mit einem roten Rand. Sie ergeben einen sehr schönen farbigen Blütenkopf.*

P. 'Alde'
Unten *Eine Miniaturpelargonie mit dunklen Blättern und dunkelorangen Blüten. Ihre Blütenblätter sind einfach und verengen sich zum Grund hin.*

P. 'David Mitcham'
Oben *Die Blütenblätter dieser Züchtung sind fein gefiedert, so dass die Blüten gar nicht perlagonienähnlich aussehen.*

P. 'Shelley'
Oben *Diese Zwergpflanze mit zweifarbigen Einzelblüten hat helle obere und blutrote untere Blütenblätter, die von dunkelroten Adern durchzogen sind.*

P. 'Flakey'
Rechts *Eine sehr beliebte Züchtung ist P. 'Flakey'. Ihre silbriggrünen Blätter haben eine silbernen Rand und ihre kleinen Blüten sind helllila. Die Pflanze hat einen sehr kleinen Wuchs.*

Gartenpraxis

Für einen Gartenfreund gibt es nichts Schöneres, als Pflanzen zu vermehren und zu beobachten, wie sie gedeihen. Auf den folgenden Seiten finden Sie verschiedene Methoden, um ihren Bestand zu erhöhen und zu fördern.

Geranien und Pelargonien sind für viele Schädlinge und Krankheiten anfällig. Pelargonien besitzen jedoch natürliche Abwehrkräfte. Sie geben nämlich einen wirkungsvollen abschreckenden Geruch ab und ihre Stängel sind in eine filzige Rüstung feiner Haare gehüllt, die jeden Angreifer abwehren. Geranien haben nicht so viele Möglichkeiten, um Angriffen vorzubeugen, doch werden sie auch nicht so gerne von Schädlingen und Krankheiten befallen.

***G.* sylvaticum 'Silva'**
Oben *Zuchtformen der Waldgeranie wie diese sind sehr anpassungsfähig und eignen sich sowohl für eine formelle wie auch natürliche Gestaltung.*

***P.* 'Beronmünster'**
Links *Dies ist eine von vielen Spielarten der* P. *'Royal Ascot', eine kleinblütige Edelpelargonie, die in großen Kübeln hervorragend zur Geltung kommt.*

Kultur und Vermehrung

Pelargonien sind leicht zu vermehren. Sie haben Stängel mit vielen Blattachseln und aus einem langen Stängel können Sie viele Ableger gewinnen. Nach nur wenigen Wochen wächst aus einem kurzen Ableger eine neue wunderschöne Pflanze.

Es gibt viele Vermehrungsarten für Geranien und Pelargonien. Schnell und leicht geht es, wenn Sie Pelargonien per Post bestellen – entweder als Samen oder Stecklinge. Wenn Sie sich für Stecklinge entscheiden, erhalten Sie die Pflanzen in einem Substratbündel, das von einem kleinen Netz zusammengehalten wird. Diese Pflanzen können Sie dann einfach in einen Topf mit Pflanzerde stecken. Einige Gärtner schneiden das Netz ab, da es weniger kräftige Pflanzen einzwängt, doch wenn Sie die Pflanze im Herbst sowieso wegwerfen, ist dies nicht nötig.

Aussaat, F1- und F2-Hybriden

Geranien und Pelargonien bilden viele Samen, die Sie sammeln können, doch müssen Sie die reifen Samen noch erwischen, bevor sie abfallen. Mit ihrem Blütenstaub kann eine Pflanze eine andere Art befruchten. Die Samen der F1-Hybriden von Zonalpelargonien mit Einzelblüten sind teuer, doch sind sie sehr zuverlässig. F2-Samen sind billiger, doch müssen Sie hinsichtlich Farbe und Einheitlichkeit Abstriche machen. Sie können die Samen in offene Aussaatschalen mit speziellem Substrat aussäen oder in spezielle Keimapparate mit durchsichtigen Deckeln, so dass Sie die Samen gut beobachten können und diese zugleich ausreichend feucht gehalten werden. Bei zu hoher Feuchtigkeit können die Samen und Sämlinge hier aber leicht von Pilzen befallen werden.

Ableger, Absenker und Teilung

Mit einem Ableger reproduzieren Sie die Pflanze, von der Sie den Ableger nehmen. Auf diese Weise werden die meisten *P.* x *hortorum* (zonalen) Pflanzen vermehrt. Von einer Pflanze können Sie Dutzende Ableger nehmen – entweder aus dem Stängel, von der Spitze eines wachsenden Stängels oder aus einer Blattachsel

Oben *Wenn Sie sich Pflanzenstecklinge schicken lassen, erhalten Sie Ihre Pflanzen sicher in einer Schachtel verpackt. Um optimal zu gedeihen, müssen die Pflanzen sofort in Töpfe gesetzt werden und dürfen nicht austrocknen. Da sie vor dem Versand in idealen Bedingungen wuchsen, sollten Sie sich sorgfältig um die Pflanzen kümmern, besonders um die richtige Temperatur. Bestellen Sie sie nicht zu früh, wenn Sie sich nicht im Haus um sie kümmern können, bevor Sie sie nach dem letzten Frost nach draußen setzen.*

Links *Nach einigen Wochen hat sich der neue Ableger oder der Steckling eingewöhnt und wird unter den richtigen Bedingungen schnell wachsen.*

Rechts *Einen Ableger zu nehmen, ist nicht schwer. Verwenden Sie ein scharfes Messer und schneiden Sie einen passenden Trieb ab, der mindestens ein Blattpaar und einen Knoten direkt über dem Schnitt hat.*

mitsamt dem Knoten, aus dem das Blatt oder die Blüte wächst. Achten Sie darauf, dass Sie den Ableger knapp unterhalb eines Knotens abschneiden, so dass daraus leicht Wurzeln wachsen können. Verwenden Sie dazu immer eine saubere Klinge.

Sie können Pflanzerde für Aussaat oder Vermehrung kaufen oder selbst ein leichtes Substrat herstellen, indem Sie feinen Sand und selbst hergestellte Pflanzerde zu gleichen Teilen mischen. Halten Sie die Pflanzerde stets feucht, allerdings ist es besser, wenn sie zu trocken als zu nass ist. Die ideale Temperatur beträgt 23 °C. Wenn Ableger mindestens zwei neue Blätter haben, werden sie umgetopft.

Teilung ist die schnellste Methode zur Vermehrung von Geranien. Graben Sie die Pflanze nach der Blütezeit oder während der Winterruhe aus und ziehen Sie sie auseinander. Aus einem großen Pflanzenhorst können viele kleinere Pflanzen entstehen. Versuchen Sie dies mit *G. endressii, G. pratense, G. phaeum* und *G. sylvaticum*. Bei Pelargonien geht dies leider nicht.

Einige Geranien haben keinen großen Wurzelstock, wie z. B. *G.* 'Ann Folkard', *G.* 'Salome' und *G. wallichianum*, und können deshalb nicht geteilt werden. Nehmen Sie von ihren langen Stängeln Ableger und setzen Sie sie in Töpfe mit Einheitserde und Sand. Andere Geranien wiederum haben Wurzelknollen, die man abbrechen und teilen kann. Mit Absenkern können Sie Pelargonien und Geranien vermehren, besonders duftende Zuchtformen, die in Beeten wachsen, oder Gewächshauspflanzen. Befestigen Sie lange Stängel am Boden, so dass die Knoten wurzeln können.

Grundlegendes zu Kultur und Pflege

Pflanzen Sie Pelargonien erst nach draußen, wenn der letzte Frost vorbei ist. Viele Zuchtformen blühen durchgehend von Sommer bis in den frühen Herbst.

Die idealen Wachstumsbedingungen der Pelargonien liegen bei Nachttemperaturen von 16 bis 18 °C und Tagestemperaturen von 21 bis 29 °C.

Pelargonien wachsen am besten in Pflanzerde, die aus zwei Teilen Lehmerde und einem Teil Torf oder Komposterde besteht. Selbst gemachte Pflanzerde eignet sich normalerweise auch, doch ist es nicht ratsam, Pelargonien ohne Pflanzerde in frisch umgegrabenen Boden zu setzen. Ihre Wurzeln mögen leichten und offenen Boden mit etwas Kalk und Sand. Der Boden sollte gut mit organischem Material wie z. B. Mist gedüngt werden. Mulchen Sie den Boden gut mit abgeschnittenem Gras oder Baumrinde, so dass er das Wasser besser speichert.

Gießen Sie Geranien und Pelargonien während ihrer gesamten Wachstumsphase, aber erst wenn die Erde schon fast trocken ist. Gießen Sie nur so viel, bis der Boden gesättigt ist und lassen Sie ihn dann fast wieder austrocknen. Wenn Sie einen Gartenschlauch verwenden, achten Sie darauf, dass der Wasserstrahl Knospen und Blüten nicht beschädigt.

Während der Wachstumsphase können Sie die Pflanzen einmal in der Woche düngen, doch müssen Sie im Winter eine Pause einhalten. Geben Sie in der Wachstumsphase nicht zu viel Düngung, da die Pflanze sonst leicht vergeilt. Befreien Sie in der Wachstumsphase die unmittelbare Umgebung der Pflanzen von Unkraut, schneiden Sie die Pflanzen wo nötig zurück, um die Wuchskraft der Pflanze in neues Wachstum zu lenken. Kneifen Sie den wachsenden Trieb an der Spitze ab, so dass sich die Pflanze leicht verzweigt.

Oben *Das Zurückstutzen ist wichtig, um aus den Pflanzen das Beste herauszuholen. Schneiden Sie den alten Blütenstängel mit einer Gartenschere oder einem scharfen Messer am Ansatz ab und entfernen Sie verfärbte Blätter.*

Links *Kneifen Sie den Haupttrieb an der Spitze ab, damit die Pflanze in Form bleibt. Bei einer Ausstellungspflanze ist dies wichtiger als bei einer Pflanze daheim. Durch das Auskneifen wird der Stängel angeregt, mehr Seitentriebe auszubilden.*

Schädlinge

Geranien und Pelargonien können von Schädlingen wie Raupen oder Blattläusen befallen werden. Geranien sind nicht so empfindlich wie Pelargonien, doch gelingt es den Pelargonien durch ihren Duft und ihre Beschaffenheit potenzielle Angreifer abzuwehren.

Schädlinge und Krankheiten sind ein Übel für fast alle Gärtner, und auch der Geranien- und Pelargonienzüchter muss auf Probleme gefasst sein. Zum Glück haben Pelargonien ein wirkungsvolles Spektrum abschreckender Düfte und ihre Stängel sind in eine filzige Rüstung aus feinen Härchen gehüllt, die potenzielle Angreifer abwehren. Geranien haben keine natürliche Verteidigung, werden jedoch selten befallen.

Raupen fressen an Geranien und Pelargonien. Trotz den Härchen und dem stechenden Geruch der Pelargonien fressen Raupen verschiedener Falter der Familie *Noctuidae* (Nachtfalter) an Pelargonienblättern und richten hier einigen Schaden an. Dies ist jedoch noch kein Grund für ihre generelle Bekämpfung. Normalerweise werden Pelargonien nicht von Schnecken befallen, doch können diese Schädlinge unter Umständen die Pelargoniensämlinge vertilgen.

In Europa verbreitet sich gerade ein neuer Pelargonien- und Geranienschädling, der ursprünglich aus Südafrika stammt: der Braune Geranienfalter (*Cacyreus marshalli*), ein Mitglied der Familie der *Lycaenidae* (Bläulinge).

Dies sind kleine Insekten, deren Flügelspannweite etwa 37 mm beträgt. Die Flügel beider Geschlechter sind oben bronzefarben, unten silbrigschwarz gefärbt. Er sieht zwar hübsch aus, doch sollten Sie gut aufpassen, wenn er um Pelargonien in Fensterkästen oder Kübeln herumflattert.

Beschädigt werden vor allem die neu entstehenden Blütenknospen, da der erwachsene Schmetterling in der Knospentraube seine Eier ablegt. Aus diesen schlüpfen dann kleine grüne Raupen (Larven) mit rotem Muster, die sich dann im Verborgenen von den Blüten ernähren. Ist der Übeltäter dann erst einmal

Schaden durch die Weiße Fliege
Links *Die Weiße Fliege hinterlässt ein Muster auf den Blättern. Dies sieht zwar harmlos aus, doch macht der Schaden die Pflanze anfällig für Krankheiten.*

entdeckt, wurde der entstehende Blütentrieb bereits völlig beschädigt.

Da Pelargonien so beliebt sind, konnte sich der Braune Geranienfalter ideal verbreiten und reiste als Ei oder Larve in Zuchtpflanzen von Land zu Land. Er ernährt sich auch von Geranien. Zuerst wurde der Schmetterling 1990 in Mallorca entdeckt, 1991 dann in Brüssel, 1992 in Südspanien, und 1996 in Italien. Auch in Südengland wurde er gesehen. Es besteht also durchaus Anlass zur Sorge, denn dieses Insekt ist eine Bedrohung für den Bestand der Gärtnereien.

Der gefährlichste Geranienschädling ist der Dickmaulrüssler (*Otiorynchus sulcatus*), für Pelargonien stellt er jedoch kein Problem dar. Das erwachsene Tier ist etwa 1 cm lang und schwarz. Es ist nachtaktiv und ernährt sich von Blättern, wo es verräterische Kerben in den Blattrand frisst. Den größten Schaden verursachen jedoch die Larven. Das erwachsene Tier legt mehrere Hundert Eier und die Larven ernähren sich von den Wurzeln der Geranie. Da man sie nicht sieht, sind sie bei Topfpflanzen besonders ärgerlich. Bei starkem Befall können sich in einem Topf Dutzende kleiner weißer Larven befinden. Es kann mehrere Jahre dauern, bis Sie den Dickmaulrüssler aus Ihrem Garten vertrieben haben, da dieses Insekt sehr fruchtbar und ausdauernd ist. Es empfiehlt sich, die Wurzeln mit Wasser abzuspülen und ein Insektizid einzusetzen.

Sowohl Geranien als auch Pelargonien werden gerne von Blattläusen und Weißen Fliegen (*Aleyrodes* spp.) befallen. Besonders häufig ist dies bei Pflanzen in Gewächshäusern und Wintergärten der Fall, da die Bedingungen dort die Entwicklung dieser Insekten fördern. Mit viel Licht, Luft und guter Bewässerung können kräftige Pflanzen viele gefährliche Schädlinge und Krankheiten abwehren. Weiße Fliegen sammeln sich an der Blattunterseite und vermehren sich zügellos. Sie sind mit den Blattläusen verwandt und ernähren sich von Saft aus der Blattunterseite. An ihrer Fraßstelle hinterlassen sie einen kleinen hässlichen Fleck auf dem Blatt, der das Blatt anfällig für Virus- oder Pilzinfektionen macht.

Dies ist auch bei Blattläusen der Fall, denn an den Unterseiten der befallenen Blätter entstehen bei großem Befall unschöne Narben. Dagegen hilft Sprühen mit einem zugelassenen Inektizid oder eine biologische Schädlingskontrolle, z. B. durch Erzwespen oder Raubmilben. Der Pilz *Verticillium lecani* hilft gegen die Weiße Fliege.

Dickmaulrüssler
Links *Der Dickmaulrüssler ist der Erzfeind eines jeden Geranienzüchters. Der erwachsene Rüsselkäfer (oben) ernährt sich von den Blättern. Die Larven (unten) richten Schaden an, wenn sie an den Wurzeln der Pflanzen fressen.*

Brauner Geranienfalter
Oben *Dieser Schmetterling ist heute ein weit verbreiteter Schädling und eine echte Bedrohung für den Bestand, besonders für Pflanzen, die in einem Gewächshaus wachsen.*

Krankheiten

Die Familie der Geraniengewächse ist nicht sehr anfällig für Krankheiten, doch können sowohl Geranien als auch Pelargonien von Viren und Bakterien befallen werden. Deshalb sollten Sie wissen, worauf Sie achten müssen. Kranke Pflanzen müssen Sie immer schnell behandeln.

Viren können Geranien und Pelargonien befallen, dabei sind bestimmte Gruppen besonders anfällig für Krankheiten. Bei den Geranien werden *G. rubescens* und ihre Verwandten gerne angegriffen, ihre Blätter verdrehen sich. Kranke Pflanzen müssen verbrannt werden. Nehmen Sie von Ihnen auch keine Samen. Pelargonien leiden unter einigen Viren – auch die im Kapitel über Zonalpelargonien (siehe S. 72–79) beschriebenen Pflanzen, bei denen dadurch die Ausbildung einer attraktiven Äderung auf ihren Blättern sogar noch gefördert wird. Der Kräuselvirus macht junge Blätter faltig und entstellt sie, während die Gelbfleckenkrankheit die Blätter verfärbt.

Die Flecken, die diese mikroskopisch kleinen Krankheitserreger auf den Blättern hervorrufen, sind leicht mit den Folgen übermäßigen Gießens zu verwechseln, besonders bei den Efeupelargonien. Dieser Zustand ist als Ödem bekannt, bei dem eine Wasseransammlung Wasser aus den Blättern austreten lässt. Ganz selten spaltet sich auch der Stängel. Schließlich

Rost
Links *Rost wird durch eine Pilzinfektion verursacht. Auf der Blattunterseite entwickeln sich Flecken brauner Sporen.*

Gallen
Links *Obwohl Gallen den Pflanzen offensichtlich nicht schaden, machen sie sie unansehnlich. Sie scheinen nur einige Pflanzen zu befallen.*

Schaden durch Wassermangel
Oben *Achten Sie auf Ihr Gießverhalten, damit Ihre Pflanzen genug Feuchtigkeit bekommen.*

Virusschaden an Pelargonien
Oben *Von befallenen Pflanzen sollten Sie keine Samen ernten, da sich der Virus so verbreiten kann.*

treten auf den Blattunterseiten kleine braune Blasen auf, so dass die Pflanze hässlich aussieht. Sie zeigen sich, nachdem das überschüssige Wasser aus dem Blatt ausgeschieden wurde, und hinterlassen eine winzige braune Narbe. Gießen Sie daher nicht zu viel.

Auch durch Wassermangel können sich Blätter verändern. Wie schon erläutert, kann Wassermangel eine schöne Rotfärbung der Blätter hervorrufen. Flecken auf der Blattunterseite von Efeupelargonien deuten ebenfalls auf Wassermangel hin und sind leicht mit den Spuren von Blattläusen zu verwechseln. Das Welken von Blättern ist ein Zeichen für Wassermangel, häufig ist dies beim Bestand von Gärtnereien zu sehen.

Pilze

Pilze befallen sowohl Geranien als auch Pelargonien, besonders unter Glas, denn der Mangel an Frischluft, hohe Luftfeuchtigkeit und der enge Besatz der Pflanzen fordern Sporen geradezu zum Angriff auf. Die wachsenden Pflanzentriebe unterliegen schnell dem *Botyris cinerea*. Ein weiterer Pilz, *Pythium debaryanum* oder Schwarzfüßigkeit, lässt Ableger schwarz werden und verfaulen. Jede Pflanze, die von einem Pilz oder Bakterium befallen ist, sollte verbrannt werden.

Bakterien

Pelargonien sind anfällig für Gallen, die sich zum Glück nicht ausbreiten. Gallen treten am Ansatz der Pflanze auf. Man kann sie ganz einfach abschlagen. Ein weiteres bakterielles Problem ist die bakterielle Stängelfäule, die – wie ihr Name schon sagt – den Ansatz der Pflanze verfaulen lässt.

Wucherungen können bei vielen Pflanzengruppen auftreten. Die wachsenden Pflanzenteile, hauptsächlich die Blüte, produzieren dann unkontrolliert Zellen, so dass die Blüte eine bizarre Form erhält. Die Ursache ist nicht bekannt, sie könnte jedoch radioaktive Strahlung sein.

Mineralstoffmangel
Rechts *Diese Blattverfärbung deutet darauf hin, dass die Pflanze zusätzliche Mineralstoffe braucht.*

Dürre
Links *Obwohl Wassermangel auch attraktive Wirkungen haben kann, sollten Sie keine vertrockneten Pflanzen kaufen.*

Ödem
Oben *Zu viel Wasser kann Blasen auf dem Blatt hervorrufen, die wie eine Krankheit aussehen. Entfernen Sie die betroffenen Blätter und gießen Sie nicht zu viel.*

Wucherungen
Links *Warum diese Blüten missgestaltet sind, ist nicht bekannt, doch könnte vielleicht radioaktive Strahlung verantwortlich sein.*

Alphabetisches Verzeichnis

In diesem Verzeichnis sind über 175 Arten und Zuchtformen von Wildgeranien und Pelargonien aus aller Welt aufgeführt. Sie sind alphabetisch nach ihrem lateinischen Namen gelistet, die deutschen Namen sind angegeben, wenn sie vorliegen. Außerdem finden Sie in diesem Verzeichnis kurz gefasste Informationen zu Blüten- und Blattfarben sowie Angaben zur Gruppe, Blütezeit und Wuchshöhe.

Ich hoffe, dass die Geranien und Pelargonien in diesem Buch Ihnen Appetit auf mehr gemacht haben und Sie inspirieren, neue Arten und Zuchtformen in Ihrem Garten auszuprobieren. In diesem Verzeichnis sollte jeder etwas für sich finden.

***P.* 'Atomic Snowflake'**
Oben *Diese duftende Sorte hat üppiges Laub, das kräftig wächst – geben Sie ihr also viel Platz. Sie hat zarte, violette Blüten.*

***P.* 'Tenerife Magic'**
Links *Die attraktiven violetten Blüten dieser Miniaturpelargonie sind ein idealer Schmuck für Fensterkästen und Hängekörbe.*

Alphabetisches Verzeichnis

In diesem umfassenden Verzeichnis finden Sie die beliebtesten und schönsten, aber auch einige ungewöhnlichere Geranien- und Pelargonienvarietäten. Die Blütezeit ist zwischen Frühjahr und Spätsommer.

Geranien

G. 'Ann Folkard', Züchtung, Höhe 60 cm, dunkelrote Blüten, grüne gefiederte Blätter, mittlere Blütezeit, Sonne und Schatten.

G. 'Dilys', Züchtung, Höhe 50 cm,, rote bis purpurrote Blüten, eingeschnittene Blätter, formt einen Pflanzenhorst, mittlere Blütezeit.

G. asphodeloides, Wildgeranienart (Südeuropa), Höhe 45 cm, Breite 30 cm, blassrosa Blüten, Frühsommer.

G. 'Birch's Double' oder 'Birchs gefüllter Storchschnabel', Züchtung, Höhe 30 cm, gefüllte fliederfarbene Blüten, mittlere Blütezeit, grüne bis rote Blätter.

G. bicknelli, Bicknells Geranie (*G. longipes* und *G. carolinianum longipes*), Art (Nordamerika), Höhe 45 cm, blassrosa Blüten, mittlere Blütezeit, grüne Blätter.

G. caepitosum, Art, purpurrote Blüten, Höhe 30 bis 60 cm, mittlere Blütezeit, Blätter grün und stark gefiedert.

G. canariense, Art (Kanarische Inseln), rote bis purpurrote Blüten, Höhe 60 cm, mittlere Blütezeit, dunkelgrüne Blätter.

G. cantabrigiense, Art, kompakte rosa Blüten, Höhe 15 bis 20 cm, grün, früh, duftende Blätter.

G. cantabrigiense 'Biokova Storchschnabel', Art, blassrosa Blüten, Höhe 10 bis 15 cm, Breite 75 bis 90 cm, früh, grüne bis rote Blätter.

G. carolinianum, aus Nordamerika, weiße oder rosa trichterförmige Blüten, Höhe 15 bis 38 cm.

G. cinereum, Aschen-Storchschnabel, Art (Pyrenäen), rosa oder weiße Blüten, Höhe 15 cm, früh, graue Blätter.

G. cinereum 'Ballerina', Züchtung, helle purpurrote Blütenblätter, Höhe 20 cm, grüne Blätter.

G. cinereum 'Lawrence Flatman', kräftige Züchtung, purpurrote Blüten, Höhe 45 cm, grünes Laub.

G. cinereum 'Splendens', Züchtung, leuchtend dunkelrote Blüten, Höhe 15 cm, hügeliger Wuchs, mittlere Blütezeit, grünes Laub.

G. clarkei, Art (Kaschmir, Indien), purpurrot bis lila oder weiße Blüten, Höhe 50 cm, hoch, Früh- bis Spätblüher, ausgedehnte silbriggrüne Blätter.

G. clarkei 'Kashmir Purple', Züchtung, tief purpurrote Blüten, Höhe 45 cm, Früh- bis Spätblüher, ausgedehnte grüne Blätter.

G. clarkei 'Kashmir White', Züchtung, große weiße und rosa Blüten, Höhe 45 cm, mittlere Blütezeit, grüne Blätter.

G. psilostemon

G. dalmaticum, Dalmatischer Storchschnabel, Art (Dalmatien, Europa), rosa Blüten, Höhe 15 cm, Breite 50 cm, frühe bis mittlere Blütezeit, grüne bis rote Blätter.
G. dissectum, Storchschnabel mit eingeschnittenen Blättern, Art (Europa), rosa Blüten, Höhe 15 cm, frühe bis mittlere Blütezeit, grüne Blätter.
G. endressii, Westlicher Storchschnabel, Art (Westeuropa), hellrosa Blüten, Höhe 45 cm, Frühsommer bis Mitte Herbst, hellgrüne Blätter.
G. endressii 'Wargrave Pink', Züchtung, rosa Blüten, Höhe 45 cm, mittlere Blütezeit, grüne Blätter.
G. erianthum, Wollgeranie, Art (Nordamerika und Asien), blaulila Blüten, Höhe 20 cm, mittlere Blütezeit, grüne Blätter.
G. esclliflorum 'Nigrans', Züchtung, beigeweiße Blüten, mittlere Blütezeit, schwarze Blätter, Höhe 5 cm.
G. gracile, Art (Türkei, Iran), rosa und weiße Blüten, Höhe 45 cm, mittlere bis späte Blütezeit, grüne Blätter.
G. himalayense (G. grandiflorum), Art (Himalaja, Indien), große lila und purpurrote Blüten, Höhe 45 cm, mittlere bis späte Blütezeit, grüne Blätter, Herbstfarbe.
G. himalayense 'Gravetye', Züchtung, lila bis purpurrote Blüten, Höhe 45 cm, frühe bis mittlere Blütezeit, grüne Blätter.
G. himalayense 'Plenum' (gefüllte Birch), gefüllte blaulila Blüten, Höhe 25 cm, Frühblüher, grüne Blätter.
G. ibericum, Art (Mitteleuropa), blaulila Blüten, Höhe 60 cm, mittlere Blütezeit, grüne Blätter.
G. ibericum ssp. *jubatum*, Unterart, blaue Blüten, Höhe 45 cm, mittlere Blütezeit, grüne Blätter.
G. incanum, Wildgeranienart (Südafrika), tief rosa Blüten, Höhe 45 cm, frühe bis mittlere Blütezeit, rote und aromatische Blätter, empfindlich.
G. kishtvariense, Wildgeranienart, tief rosa bis purpurrote Blüten, Höhe 25 cm, mittlere Blütezeit, grüne Blätter.
G. 'Kurrodo', Züchtung, purpurrote Blüten, Höhe 12 cm, mittlere Blütezeit, blassgrüne Blätter.
G. 'Johnson's Blue', Züchtung, große blaue Blüten, Höhe 60 cm, mittlere Blütezeit, grüne Blätter, wuchert.
G. 'Joy', Züchtung, kleine blassrosa Blüten, Höhe 30 cm, mittlere Blütezeit, grüne Blätter, Bodendecker.
G. libani (G. libanoticum), Wildgeranienart (Mittelmeerraum), blaulila oder lila Blüten, Höhe 30 cm, Frühblüher, ruht in der mittleren Blütezeit, dunkelgrüne Blätter, immergrün.
G. lucidum, Art (Südeuropa, Nordafrika, Zentralasien), tief rosa Blüten, Höhe 60 cm, frühe bis mittlere Blütezeit, glänzende grüne Blätter.
G. macrorrhizum, Duftender Storchschnabel, Art, rosa Blüten, Höhe 35 cm, mittlere Blütezeit, dunkelgrüne Blätter, aromatisch, Bodendecker.
G. macrorrhizum 'Album', Züchtung, weiße Blüten, Höhe 60 cm, frühe bis mittlere Blütezeit, dunkelgrüne Blätter.
G. macrorrhizum 'Chatto', Züchtung, rosa Blüten, Höhe 60 cm, frühe und mittlere Blütezeit, dunkelgrüne Blätter.
G. macrorrhizum 'Ingwersen's Variety', Züchtung, kräftig rosa Blüten, Höhe 60 cm, mittlere bis späte Blütezeit, dunkelgrüne Blätter, duftend, Herbstfarben.
G. macrorrhizum 'Spessart', Züchtung, blassrosa Blüten, Höhe 35 cm, frühe bis mittlere Blütezeit, dunkelgrüne Blätter, duftend.
G. macrorrhizum 'Variegatum', Züchtung, rosa Blüten, Höhe 45 cm, mittlere Blütezeit, beige und grüne Blätter.
G. maculatum, Gefleckte Geranie, Art, rosa Blüten, mittlere Blütezeit, Höhe 35 bis 70 cm, grüne Blätter, früher adstringierend und als Tonikum verwendet.
G. maderense, Wildgeranienart (Madeira), rote bis purpurrote Blüten, Höhe 100 bis 250 cm, mittlere Blütezeit, Rosette, dunkelgrüne Blätter, zweijährig, empfindlich.
G. x *magnificum*, auffällige Hybride, große blaulila Blüten, Höhe 60 cm, mittlere Blütezeit, grüne Blätter.
G. malviflorum, Wildgeranienart (Spanien, Marokko, Algerien), blaulila Blüten, Höhe 60 cm, Frühblüher, grüne Blätter, gut für Steingärten.
G. nodosum, Knotiger Storchschnabel, Wildgeranienart, kräftige rosa bis purpurrote Blüten, mittlere Blütezeit, glänzende grüne Blätter, schattige Gärten, Höhe 30 bis 50 cm.
G. 'Nimbus', Züchtung, dunkelrote Blüten, Höhe 60 cm, mittlere Blütezeit, grüne Blätter, ideal für Schattenplätze und als Bodendecker.
G. ocellatum, Wildgeranienart (Afrika bis China), purpurrote bis rosa Blüten, Höhe 60 cm, mittlere Blütezeit, grüne Blätter, ideal für Steingärten.
G. orientalitibeticum, Wildgeranienart (Südwestchina), tief rosa Blüten mit weißem Auge, Höhe 20 cm, mittlere Blütezeit, grüne Blätter, Steingarten oder Rabatte, kann wuchern.
*G.*x *oxonianum*, Hybride, blassrosa Blüten, Höhe 60 cm, mittlere Blütezeit, kräftig, bildet Horste, „oxonianum" bedeutet, dass sie aus Oxford stammt.
*G.*x *oxonianum* 'A. T. Johnson', Hybride, silbrig rosa Blüten, Höhe 60 cm, mittlere Blütezeit, grüne Blätter, Bodendecker.
*G.*x *oxonianum* 'Claridge Druce', Hybride, rosa Blüten, Höhe 60 cm, mittlere bis späte Blütezeit, grüne Blätter, kräftig, guter Bodendecker.
*G.*x *oxonianum* 'Old Rose', Hybride, verschiedene Blütenfarben von purpurrot bis dunkellila, Höhe 30 cm, mittlere Blütezeit, grüne Blätter.
*G.*x *oxonianum* 'Rose Clair', Hybride, satinrosa Blüten, Höhe 45 cm, mittlere bis späte Blütezeit, grüne Blätter, Wucherpflanze.
*G.*x *oxonianum* 'Thurstonianum', Hybride, kleine rote bis purpurrote Blüten, Höhe 45 cm, mittlere Blütezeit, grüne Blätter, mag Sonne und Schatten.
*G.*x *oxonianum* 'Wargrave Pink', Hybride, lachsrote Blüten, Höhe 60 cm, mittlere Blütezeit, grüne Blätter.
G. 'Pagoda', Hybride (*G. endressii* und *G. yunnanense*), dunkle purpurrote Blüten, Höhe 45 cm, mittlere bis späte Blütezeit, grüne Blätter.
G. 'Patricia', Hybride (*G. endressii* und *G. psilostemon*), leuchtende dunkelrote Blüten, Höhe 1 m, Früh- bis Spätblüher, grüne Blätter.
G. palmatum, Wildgeranienart (Madeira), purpurrote Blüten, mittlere Blütezeit, tief grüne Blätter, Rosette, Höhe 120 cm, empfindlich.

G. palustre, Sumpfstorchschnabel, Wildgeranienart (Ost- und Mitteleuropa), leuchtend dunkelrote Blüten, Höhe 60 cm, mittlere Blütezeit, grüne Blätter.
G. phaeum, Dunkler Storchschnabel, Trauernde Witwe, Art, dunkle schokoladenbraune Blüten, Höhe 60 cm, mittlere Blütezeit, verträgt sich gut mit anderen Pflanzen, verträgt Schatten.
G. phaeum 'Album', Züchtung, weiße Blüten, Höhe 45 cm, mittlere Blütezeit, grüne Blätter, Schattenplätze.
G. phaeum 'Lily Lovell', Züchtung, fliederfarbene Blüten, Höhe 30 cm, mittlere Blütezeit, grüne Blätter.
G. phaeum 'Philippe Vapelle', Züchtung, purpurrote bis blaue Blüten, Höhe 30 cm, mittlere Blütezeit, grüne Blätter.
G. phaeum 'Samobor', Züchtung, purpurrote bis blaue Blüten, mittlere Blütezeit, grüne und braune Blätter.
G. platypelatum, Wildgeranienart (Osteuropa), purpurrote Blüten, Höhe 60 cm, mittlere Blütezeit, grüne und behaarte Blätter, hügeliger Wuchs.
G. pratense, Wiesenstorchschnabel, europäische Art, blaulila Blüten, Höhe 60 cm, frühe bis mittlere Blütezeit, grüne Blätter.
G. pratense 'Mrs. Kendall Clark', Züchtung, leuchtend blaue Blüten, Höhe 100 cm, Frühblüher, grüne Blätter.
G. psilostemon, Wildgeranienart (Armenien), leuchtend dunkelrote Blüten, Höhe 100 cm, frühe bis mittlere Blütezeit, gefleckte hellgrüne Blätter.
G. pusillum, Wildgeranienart (Nordeuropa und Asien), lila Blüten, Höhe 15 cm, frühe bis mittlere Blütezeit, grüne Blätter, einjährig, krautig.
G. pylzowianum, Wildgeranienart (Westchina), hellrosa Blüten mit grünen Augen, Höhe 25 cm, Frühblüher, grüne Blätter.
G. pyrenaicum, Heckenstorchschnabel, Wildgeranienart (Europa), rosa Blüten, Höhe 30 cm, mittlere Blütezeit, grüne Blätter, Bodedecker, wuchernd und krautig.
G. renardii, Renards Storchschnabel, Wildgeranienart (Kaukasus), weiße Blüten mit dunkelpurpurroten Adern, Höhe 40 cm, mittlere Blütezeit, grüne Blätter.
G. richardsonii, Wildgeranienart (westliches Nordamerika), rosa Blüten, Höhe 30 cm, mittlere bis späte Blütezeit, grüne Blätter, die sich im Herbst rot verfärben.
G. robertianum, Ruprechtskraut, Wildgeranienart (Asien, Europa, Nordamerika), Höhe 60 cm, mittlere Blütezeit, grüne Blätter, die sich im Herbst rot verfärben.
G. sanguineum, Blutiger Storchschnabel, dunkelrote Blüten, Höhe 45 cm, mittlere Blütezeit, stumpfe grüne Blätter, hügeliger Wuchs, einst als Heilpflanze verwendet.
G. sanguineum 'Alan Bloom', blutrote Blüten, Höhe 30 cm, mittlere Blütezeit, stumpfe grüne Blätter, wuchert, ideal für Steingärten.
G. sanguineum 'Album', Albino-Blüten, Höhe 30 cm, mittlere Blütezeit, stumpfe grüne Blätter.
G. sanguineum 'Cedric Morris', Züchtung, rosa bis kirschrote Blüten, Höhe 30 cm, Früh- bis Spätblüher, grüne Blätter.
G. sanguineum 'John Elsley', Züchtung, dunkelrote Blüten, Höhe 20 cm, grüne Blätter, Steingärten in der prallen Sonne, wuchert, verträgt Dürre, blüht den ganzen Sommer über.
G. sanguineum 'Glenluce', Züchtung, rötlich purpurrote Blüten, Höhe 60 cm, dunkelgrüne Blätter.
G. sanguineum 'Max Frei', Züchtung, rosa Blüten, Höhe 35 cm, mittlere bis späte Blütezeit, grüne Blätter, Bodendecker.
G. sanguineum 'New Hampshire Purple', Züchtung, rötlich bis purpurrote Blüten, Höhe 60 cm, mittlere bis späte Blütezeit, grüne Blätter, hügeliger Wuchs.
*G.*x *riversleianainum* 'Mavis Simpson', Züchtung, purpurrote bis rosa Blüten mit dunklen Adern, Höhe 30 cm, mittlere Blütezeit, grüne Blätter, Steingärten und Rabatten.
*G.*x *riverslianum* 'Russell Prichard', Züchtung, leuchtend rötliche bis purpurrote Blüte, Höhe 35 cm, mittlere bis späte Blütezeit, Wucherpflanze, Bodendecker, Steingärten.
G. sanguineum 'Nyewood', Züchtung, rötlich bis purpurrote Blüten, Höhe 20 cm, mittlere Blütezeit, grüne Blätter.
G. sanguineum var. *striatum (G. lancastriense)*, Züchtung, blassrosa Blüten mit Streifen, Höhe 25 cm, mittlere Blütezeit, grüne Blätter.
G. sinense, Wildgeranienart (Südwestchina), schwarze bis dunkelbraune Blüten, Höhe 30 cm, mittlere bis späte Blütezeit, grüne klebrige Blätter.
G. 'Sirak', Züchtung, kräftige rosa Blüten, Höhe 30 cm, mittlere bis späte Blütezeit, grüne klebrige Blätter.
G. 'Spinners', Züchtung, blaue bis purpurrote Blüten, Höhe 30 cm, frühe bis mittlere Blütezeit, grüne Blätter, Bodendecker.
G. 'Sue Crüg', Züchtung, große rosa Blüten mit dunklen Adern auf den ganzen Blütenblättern, Höhe 30 cm, mittlere Blütezeit, hellgrüne Blätter.
G. 'Syabru', Züchtung, lila bis purpurrote Blüten, mittlere Blütezeit, Höhe 30 cm, grüne Blätter, kräftig.
G. sylvaticum, Waldstorchschnabel, rosa bis purpurrote Blüten, Höhe 45 cm, frühe bis mittlere Blütezeit, grüne Blätter.
G. sylvaticum 'Album', Albino-Blüten, Höhe 45 cm, frühe bis mittlere Blütezeit, grüne Blätter.
G. sylvaticum 'Mayflower', große blaue Blüten, Höhe 45 cm, mittlere Blütezeit, grüne Blätter.
G. sylvaticum f. albiflorum, weiße Blüten, Höhe 45 cm, mittlere Blütezeit, grüne Blätter.
G. sylvaticum 'Silva', Züchtung, blaue bis purpurrote Blüten mit weißem Auge, Höhe 45 cm, grüne Blätter.
G. thunbergii, Wildgeranienart (China, Taiwan, Japan), weiße bis tief purpurrote Blüten mit interessanten blauen Staubbeuteln und roten Narben, Höhe 30 cm, frühe bis späte Blütezeit, grüne Blätter, Bodendecker.
G. tuberosum, Wildgeranienart (Südeuropa), blaue bis purpurrote Blüten, Höhe 30 cm, frühe bis mittlere Blütezeit, grüne Blätter, Steingarten, empfindlich.
G. versicolor, Wildgeranienart (Mittelmeerraum), rote bis purpurrote Blüten, Höhe 30 cm, Früh- bis Spätblüher, grüne Blätter, schattige Natur- oder Waldgärten, 'Snow White' hat einen aufrechteren Wuchs und sieht an Schattenplätzen schön aus.
G. viscosissimum, Klebriger Storchschnabel, Art (Nordamerika), blasse fliederfarbene Blüten, Höhe 30 cm, mitt-

lere bis späte Blütezeit, grüne, klebrige Blätter, von den Indianern gegen Kopfschmerzen verwendet.
G. wallichianum 'Buxton's Variety' (auch 'Buxton's Blue'), Züchtung, blaue Blüten mit weißem Zentrum, Höhe 30 cm, mittlere bis späte Blütezeit, grüne Blätter.
G. wlassovianum, Wildgeranienart (Nord- und Ostasien), dunkel- bis purpurrote Blüten, Höhe 30 cm, mittlere Blütezeit, graue behaarte Blätter, hügeliger Wuchs, Waldgärten.
G. yoshimoi, Art (Japan), weiße Blüten, Höhe 30 cm, mittlere Blütezeit, grüne Blätter, weiß marmoriert.

Pelargonien

P. alchemilloides, Pelargonienart (Südafrika), rosa, weiße oder beige Blüten, ideal als Topfpflanze.
P. appendiculatum, Pelargonienart (Südafrika), gelbe Blüten, ideal als Topfpflanze.
P. 'Atomic Snowflake', duftend, eine kräftige Pflanze für draußen, im Topf oder im Treibhaus, kann wuchern. Ihre blassen fliederfarbenen Blüten sind eine hübsche Ergänzung zu ihrem üppigem Laub.
P. 'Attar of Roses', duftend mit blass purpurroten Blüten, kann draußen wachsen, vielleicht mit anderen duftenden Pflanzen an einem Wassergarten oder in einer Mulde, wo der Duft hängen bleibt.
P. barklyi, Art (Südafrika), beige Blüten
P. 'Bird Dancer', Stellar-Sorte, eine beliebte Zuchtsorte mit blassrosa sternförmigen Blütenblättern, fügt sich gut in Pflanzgefäße oder Fensterkästen ein.
P. 'Bronze Corrine', Zonalpelargonie mit lachsroten Blüten und braunen Blättern, ideal für Fensterkästen.
P. capitatum, Rosenpelargonie, wächst wild auf dem Tafelberg in Südafrika als holziger Strauch. Mit ihren duftenden Blüten und Blättern ist sie eine beliebte Gartenpflanze. Die Pflanze ist kräftig, ihre Blätter sind behaart und stark gelappt.
P. 'Captain Starlight'. Angel mit rosa bis purpurroten und weißen Blüten, gut als Einzelpflanze in einem Hängekorb mit Eisenkraut.
P. 'Carl Red Balcony', nützliche Efeupelargonie, ideal für Fensterkästen
P. 'Cascade de Feu', kriechende Efeupelargonie mit feurigen Farben, ideal für Fensterkästen.
P. 'Catford Belle', klassische Angel mit kontrastierenden blassen und purpurroten Blüten. Setzen Sie sie einzeln in einen Topf oder in eine Rabatte.
P. 'Charity', diese Pflanze hat zweifarbige Blätter, in der Mitte sind sie smaragdgrün, am Rand zitronengrün.
P. 'Chocolate Peppermint', duftend, mit schokoladenbraunem Muster und Pfefferminzduft. Setzen Sie sie wie andere Duftpelargonien neben einen Weg, so daß sie duften, wenn Sie sie beim Vorbeigehen berühren.
P. coriandrifolium, eine Form oder Art, *P. myrrhifolium* mit weißen bis purpurroten Blüten.
P. crispum 'Variegatum', duftend, verdrehte Blätter auf aufrechten Stängeln mit grünen und beigen Blättern. Sieht attraktiv in Töpfen aus.
P. crithmifolium, eine Pelargonienart aus Südafrika mit weißen Blüten.
P. cucullatum, in Südafrika als Wilde-Malfa bekannt, Strauchartige Pflanze, die bis zu 1 m hoch wird. An ihrem Stängel sitzen Einzelblätter, trägt rosa Blüten.
P. 'Dainty Maid', hübsche Angel mit blassrosa Blüten. Setzen Sie sie in einen Topf oder eine Rabatte.
P. 'Dolly Varden', buntblättrige Zonalpelargonie, Blätter mit beigem Rand, rote Blüte, gut für Töpfe und Fensterkästen.
P. 'Freak of Nature', Zonalpelargonie, scharlachrote Blüten, Teile der Pflanze haben weiße Stängel und apfelgrüne Flecken auf den Blättern. Zieht in Pflanzbehältern oder Töpfen alle Blicke auf sich.
P. fulgidum, eine Pelargonienart mit unterschiedlich geformten Blättern und verschiedenfarbigen oder rosa oder roten Blüten, für den Gartenexperten.
P. glutinosum, eine Pelargonienart mit glänzenden und klebrigen Blättern, interessante Kuriosität.
P. 'Gran Slam', Edelpelargonie mit rosen- bis karminroten Blüten. Setzen Sie sie als Topfpflanze auf eine Terrasse oder nach draußen in ein locker bepflanztes Beet.
P. grandiflorum, eine Pelargonienart mit Blättern, die denen der *Geranium sanguineum* ähneln. Ihre Blüten stehen auf langen Stängeln und sind weiß oder rosa mit dunklen Flecken an den oberen beiden Kelchblättern. Wie bei vielen Arten werden die Blätter mit zunehmendem Alter rötlich.
P. 'Greengold Kleiner Liebling', Zonalpelargonie, mit ihren hübschen Blättern ideal für Hängekörbe und Fensterkästen, Miniaturpelargonie.
P. 'Happy Thought', oft falsch als 'A Happy Thought' bezeichnet, feuerrote Blüten.
P. 'Harlequin Mahogany', eine Efeupelargonie mit roten Einzelblüten und weißen Streifen. Gut für Fensterkästen.
P. 'Harlequin Miss Liverbird', eine Efeupelargonie mit rosa Einzelblüten und weißen Streifen.
P. 'Highfields Appleblossom', große weißrosa Blüten mit lachsrotem Zentrum.
P. 'Hills of Snow', bunblättrige Zonalpelargonie mit grünen und weißen Blättern und blassrosa Blüten.
P. inquinans, eine Pelargonienart aus Südafrika, mit roten Blüten, gerne als Zimmerpflanze oder in Wintergärten gezogen.
P. 'Jacqueline', gefüllte rote Blüten, gehören zur Reihe „Amerikanische First Ladys".
P. kewensis, eine wunderschöne Pelargonienart mit großen Dolden beeindruckender leuchtend roter Blüten.
P. 'L'Elégante', eine elegante Efeupelargonie mit weißen Blüten mit einem Hauch von Rosa.
P. 'Lara Maid', hübsche Angel, ideal für Töpfe; Fensterkästen und Hängekörbe.
P. 'Lavender Grand Slam', Edelpelargonie. Setzen Sie sie als Einzelpflanze in einen Topf auf eine Terrasse oder neben Stufen – so kommt sie am besten zur Geltung.
P. longifolium, eine Pelargonienart aus Südafrika. Wird etwa 20 cm hoch und hat rosa, weiße oder gelbe Blüten über fein gefiederten Blättern.
P. 'Lord Bute', Edelpelargonie, Bute, mit lila Blüten mit karminrotem Rand. Kann in heißen Gegenden ins Freie gesetzt werden, auch in Körben sieht sie gut aus.

P. 'Madame Butterfly', buntblättrige Zonalpelargonie mit silbern gescheckten Blättern und blutroten Blüten.

P. 'Mangel's Variegated', feuerrote Zonalpelargonie mit gelben Spritzern auf grünen Blättern, Farben verblassen in der Sonne. Deshalb kommt sie am besten im Schatten zur Geltung, denn dort bleiben die Farben kräftig und fröhlich.

P. 'Marie Roper', Edelpelargonie, Bute, mit fliederfarbenen lila Blüten mit schwarzen Flecken. Setzen Sie sie als Einzelpflanze in einen Topf.

P. 'Mrs. Farren', buntblättrige Zonalpelargonie, grüne und beige Blätter mit roten Blüten. Die ideale Pelargonie für Fensterkästen.

P. 'Mrs. Henry Cox', Zonalpelargonie, buntblättrig, dreifarbige Blätter und blassrosa Blüten. Ideal für Hängekörbe.

P. 'Mrs. Stapleton', wird als Art angeboten und hat weiche, mit feinen Härchen bedeckte, graugrüne ovale Blätter mit ganz leicht gesägtem Rand. Die Blüten sitzen auf unglaublich langen Stielen (15 cm) und in großen Dolden (5 cm) und sind damit doppelt so groß wie die Pflanze selbst. Die Blüten sind rosarot und blühen nur einige Tage.

P. 'Mrs. Strang', Zonalpelargonie, buntblättrig mit orangen Blüten, ideal für Fensterkästen.

P. myrrhifolium, eine Pelargonienart, deren lateinischer Name von ihrer Blattform stammt. Eine Varietät heißt ebenso passend *coriandrifolium* – wie die Blätter des doldentragenden Korianders. Die Pflanze wuchert gerne und trägt relativ große rosa Blüten.

P. *odoratissimum*, eine Pelargonienart mit duftenden Blättern, kann ins Freie gesetzt werden.

P. 'Paul Crampel', diese Pelargonie wurde im frühen 20. Jahrhunderts zigtausendfach vermehrt. Ihre leuchtend roten Blüten schmückten viele Fensterkästen.

P. 'Pearly Primrose', Edelpelargonie mit einer wunderschönen blassgelben Farbe. Pflanzen Sie dieses Schmuckstück als Einzelpflanze.

P. peltatum, eine Art aus Südafrika mit weißen, purpurroten oder rosa Blüten, wurde 1700 in Europa eingeführt. Früher wurden die Blätter verwendet, um blaue Farbe herzustellen.

P. 'Pink Gold Ears', Stellar-Gruppe, die Blüten sind nicht ganz so sternförmig wie es für die Gruppe typisch ist. Die Blütenblätter der blassrosa Blüten sind bei dieser Züchtung breiter.

P. radula, Wie ihr lateinischer Name andeutet, strahlt Radula mit ihren sehr stark gefiederten, filigranen Blättern in alle Richtungen aus. Ziehen Sie sie im Sommer draußen als Topfpflanze oder im Winter im Haus.

P. 'Rober's Lemon Rose', Duftpelargonie, hohe Pflanze mit malvenfarbenen Blüten und Zitronenduft, ideal für Wassergärten.

P. rodneyanum, eine Pelargonienart mit speerförmigen Blättern, deren Form den Blättern der Espe ähnelt. Die Blätter sind am Rand leicht gesägt und sitzen an langen einfachen Stängeln. Auch die Blüten sitzen an einfachen, normalerweise 14 cm langen Stielen und bilden eine dichte rosa Rosette.

P. 'Roi de Balcons Red', eine kriechende Pelargonie mit großen Dolden aufregender Blüten, die im Frühjahr und Sommer blühen. Ideal für Fensterkästen und als Kletterpflanze, wenn sie gestützt wird.

P. 'Royal Oak', Duftpelargonie, Blattform wie Eichenblätter, wächst im Sommer gut in Töpfen.

P. 'Sancho Panza', Zier-Angel mit dunklen purpurroten Blättern mit blassem Rand.

P. schizopetalum, eine Pelargonienart aus Südafrika mit stark gefiederten Blütenblättern, wie ihr Name bereits andeutet.

P. 'South American Bronze', Edelpelargonie, Bute, bronzefarbene Blätter mit weißem Rand.

P. 'Stadt Bern', einer der feurigsten, auffallenden Rottöne aller Zonalpelargonien, kann als Grundlage einer besonderen Gartengestaltung verwendet werden.

P. 'Startel', Stellar-Gruppe, der Handelsname einer von Thompson & Morgan gezüchteten Pelargoniengruppe. Ein typisches Beispiel ist 'Red Startel'.

P. stenopetalum, eine Pelargonienart mit typischen Blättern, die jeweils ein eindeutiges dunkles Farbmal aufweisen. Die Blüten sitzen an unglaublich langen Stängeln und sind so groß und kräftig wie bei jeder Efeu- oder Stellar-Pelargonie in voller Blüte. Die Blüten selbst haben lange gleichförmige Blütenblätter. Eine wunderschöne lohnende Art, die einen wirklich bleibenden Eindruck hinterlässt.

P. 'Susie Q', buntblättrige zonale Pelargonie, goldene Blätter mit lachsroten Blüten, hervorragend in Fensterkästen.

P. tabulare, eine kleinere Pelargonienart aus Südafrika mit kleinen rosa Blüten und Blättern mit dunklem Farbmal auf einem efeuförmigen Blatt.

P. 'Tricolor Hybrid', eine einzigartige dreifarbige Hybride, ideal für Rabatten und Fensterkästen.

P. triste, eine Pelargonienart, die als lockere Rosette auf fein gefiederten karottenähnlichen dunkelgrünen Blättern wächst. Kann in einem dunklen Garten verwendet werden. Trotz ihrem traurigen Namen hat sie einen wunderschönen Blütenstand auf einem langen behaarten Stängel: Sie trägt gelbe, leicht braun getönte Blüten, die einen sehr feinen Duft abgeben, der von Nelkenöl über Weihrauch bis zu Nelken, Räucherstäbchen- und sogar Klebstoffgeruch reicht.

P. 'Turtle's White', Edelpelargonie, große weiße Blüten mit gerüschtem Rand.

P. 'Vancouver Centennial', eine der am weitesten verbreiteten Zonalpelargonien überhaupt. Ihre Blätter haben ein wunderschönes Muster und sie gedeiht am besten in mediterranem Klima.

P. 'Ville de Paris', eine kriechende Efeupelargonie, ideal für Hängekörbe.

P. 'Wayward Angel', Angel mit malvenfarbenen und purpurroten Blüten, kann als Einzelpflanze in einem Korb gepflanzt werden oder in warmem Klima auch ins Freie gesetzt werden.

P. zonale, die ursprüngliche Pelargonienart aus Südafrika, die Tausenden von Zuchtformen und Hybriden ihre Erbanlagen zur Verfügung gestellt hat.

Register

Geranien

Pelargonien

Allgemeines Register

(*Kursiv* gedruckte Seitenzahlen beziehen sich auf Abbildungen)

Nützliche Adressen

Einige der unten aufgeführten Adressen bieten ihr Sortiment über das Internet an und versenden neben Samen auch Pflanzen.

Staudengärtnerei Sprich
Papierweg 20
79400 Kandern
Telefon 07626/6855
Telefax 07626/592590
Storchschnabelgewächse (Geranium)

Gärtnerei Schoebel
Hindenburgplatz 3
29468 Bergen
Telefon 05845/237
Telefax 05845/1445
Internet: www.gaertnerei-schoebel.de
E-Mail: k.schoebel@gaertnerei-schoebel.de
Duft-Pelargonien

Staudengärtnerei Sarastro
Christian H. Kress
A-4974 Ort im Innkreis/Österreich
Telefon/Fax 0043/(0)7751/424
Internet: www.sarastro-stauden.com
sarastro.chr.kress@direkt.at
Blütenstauden und Alpenpflanzen,
Storchschnabelgewächse (Geranium)
mit etwa 220 Arten und Sorten

Staudengärtnerei Dieter Gaißmayer
Jungviehweide 3
89257 Illertissen
Telefon 07303/7358
Telefax 07303/42181
Internet: staudengaissmayer.de
E-Mail: stauden.gaissmayer@t-online.de
Große Auswahl an Stauden, Duftpflanzen,
Kräuter, Storchschnabelgewächse (Geranium)

Annemarie Eskuche
Staudenkulturen
Am Söhnholz
29664 Ostenholz
Telefon 05167/287
Telefax 05167/1271
Internet: www.stauden-eskuche.de
E-Mail: eskuche@stauden-eskuche.de
Storchschnabelgewächse (Geranium).

Staudengärtnerei
Gräfin von Zeppelin
79295 Sulzburg-Laufen / Baden
Telefon 07634/69716
Telefax 07634/6599
Internet: www.graefin-v-zeppelin
E-Mail: info@graefin-v-zeppelin.com
Breites Sortiment an Stauden,
Storchschnabelgewächse (Geranium)

Gärtnerei Fischer
Am Scheid
56204 Hillscheid
Telefon 02624/187-0
Telefax 9417244
Duftpelargonien

Dieter Stegmeier
Unteres Dorf 7
73457 Essingen
Telefon 07365/230
Telefax 07365/971310
Duftpelargonien

Syringa Samen
Postfach 1147
78245 Hilzingen
Telefon 0 77 39 / 14 52
Telefax 0 77 39 / 6 77
Internet: www.syringa-samen.de
E-Mail: syringa@t-online.de
Duftpelargonienversand

Thysanotus Samen Versand
Bockhorster Dorfstr. 39 a
28876 Oyten
Telefon 0 42 07 / 57 08
Telefax 0 42 07 / 57 22
Internet: www.thysanotus-samenversand.de
Vertrieb von Thompson & Morgan-Samen (Geranium) aus England

Pelargonien überwintern

Die meisten Pelargonien sind mehrjährige Pflanzen. Sie können bei einer geschützten Überwinterung überdauern und im nächsten Jahr neu austreiben. Wer diese Pflanzen nicht jedes Jahr neu zukaufen möchte oder durch Stecklinge vermehrt, muss sich rechtzeitig nach einem geeigneten Winterquartier umsehen.

Balkonpflanzen sind durch ihren besonderen Standort zwar etwas geschützter als Freilandpflanzungen, doch sind Pelargonien relativ frostempflindlich und müssen rechtzeitig in ihr Winterquartier gebracht werden, da sie durch Frost irreparabel geschädigt werden können.

Die Grundregel für alle in Räumen überwinternden Kübel- und Balkonpflanzen – die Pflanzen so spät wie möglich einräumen und so früh wie möglich wieder hinausstellen – muss hier sehr vorsichtig gehandhabt werden.

Pelargonien dürfen, bevor sie im Topf oder Kasten ins Winterquartier eingeräumt werden, nur ausgeputzt, aber nicht zurückgeschnitten werden. Das Winterlager sollte ein möglichst kühler, aber frostfreier heller Raum sein, oft genügt eine Garage, ein Keller oder ein Hauseingang. Die besten Winterquartiere sind verglaste Balkone, unbeheizte Wintergärten oder Glashäuser mit einer Heizung für besonders kalte Tage. Gegossen darf nur sehr wenig werden. Pelargonien gehören zu den wenigen Arten, deren Wurzelballen austrocknen dürfen.

Alle Räume sollten ab und zu gelüftet werden. Einmal pro Woche sollten die Pflanzen kontrolliert und Kranke und welke Teile abgeschnitten werden.

Sie können die Pelargonien aus ihren Balkonkästen auch einzeln platzsparend überwintern, indem Sie die Wurzeln in mit etwas Substrat gefüllte Plastiksäckchen stecken und kopfüber aufhängen.

Die Pelargonien werden, bevor sie im Frühjahr wieder ins Freie kommen, kräftig zurückgeschnitten.

Danksagung

Besonders möchte ich mich bei Frau D. Downey und Herrn und Frau Stapley von den Kent Street Nurseries in Sedlescombe/East Sussex bedanken, denn sie haben mir unbeschränkten Zugang zu ihrer historischen Pelargoniensammlung gewährt und mich durch die vielfältige Welt der Pelargonien geführt. Jennie Maillard von Usual & Unusual Plants in Hailsham/East Sussex erlaubte mir großzügig Zugang zu ihren zahlreichen Geranienarten. Vernon's Geranium Nursery in Cheam und Herr und Frau Sulman von Sulman's Nursery in Mildenhall/Suffolk gestatteten mir, Fotos von ihren Sammlungen zu machen. Danke.

Die Suche nach Geranien und Pelargonien hat mit an verschiedene Orte in der Neuen und Alten Welt geführt und ich möchte mich bei Lee Ann Feltwell in Pennsylvania/USA, Barbara und Jack Marcinowski in Poznan/Polen und Jan Krampla für seine Hilfe in Tschechien bedanken. Auch in verschiedenen Privatgärten in den USA, Großbritannien und Frankreich habe ich fotografiert, darunter auch bei Herrn und Frau Junot aus Anduze in den Cévennen.

Im Bereich der Produktion möchte ich mich bei den folgenden Personen bedanken: bei Susan Berry für ihre Unterstützung und Beratung, bei meinen Lektorinnen Corinne Asghar und Françoise Vulpe bei Firefly in den USA, bei Claudine Meissner und Anne Wilson für das Layout und die Gestaltung. Danke auch an Gina Douglas, Bibliothekarin bei der Linné-Gesellschaft in London, die mir den Zugang zu Linnés Herbarium-Pflanzen und weiterer Literatur, aus der wir Bilder übernehmen durften, erleichtert hat.

Außerdem danke ich Dr. C. Jarvis, dem Botanischen Kurator der Linné-Sammlung im Natural History Museum, für den bemerkenswerten Zustand von Linnés Pflanzen. Graham Pattison vom National Council for the Conservation of Plants and Gardens half mir herauszufinden, welche Pelargonien erhalten wurden, Thompson & Morgan überprüften alte Pelargoniennamen und Elsner Pac Jungpflanzen in Dresden klärten einige neuere Handelsnamen. Ich bedanke mich auch bei Mary Spink von Swanland Nurseries/ East Yorkshire, die mein Manuskript las und überprüfte. Schließlich möchte ich mich noch bei meiner Frau bedanken, die meine Begeisterung für diese biologischen Gattungen teilt und mir half, dieses Projekt zu realisieren.